EL
PASTOR
SILENCIOSO

Libros de John MacArthur publicados por Portavoz

¿A quién pertenece el dinero?
El asesinato de Jesús
Avergonzados del evangelio
La batalla por el comienzo
Cómo obtener lo máximo de la Palabra de Dios
Cómo ser padres cristianos exitosos
El corazón de la Biblia
Distintos por diseño
La gloria del cielo
Jesús: preguntas y respuestas
La libertad y el poder el perdón
Llaves del crecimiento espiritual
Nada más que la verdad
Nuestro extraordinario Dios
El Pastor silencioso
Piense conforme a la Biblia
Los pilares del carácter cristiano
El plan del Señor para la Iglesia
El poder de la integridad
El poder de la Palabra y cómo estudiarla
El poder del perdón
El poder del sufrimiento
¿Por qué un único camino?
Porque el tiempo sí está cerca
Salvos sin lugar a dudas
Sé el papá que tus hijos necesitan
La segunda venida
El único camino a la felicidad
La verdad para hoy

Comentario MacArthur del Nuevo Testamento

Mateo
Marcos
Lucas
Juan
Hechos
Romanos
1 y 2 Corintios
Gálatas, Efesios
Filipenses, Colosenses y Filemón
1 y 2 Tesalonicenses, 1 y 2 Timoteo, Tito
Hebreos y Santiago
1 y 2 Pedro, 1, 2 y 3 Juan, Judas
Apocalipsis

EL PASTOR SILENCIOSO

EL CUIDADO, CONSUELO Y CORRECCIÓN DEL ESPÍRITU SANTO

JOHN MACARTHUR

EDITORIAL PORTAVOZ

La misión de Editorial Portavoz consiste en proporcionar productos de calidad —con integridad y excelencia—, desde una perspectiva bíblica y confiable, que animen a las personas a conocer y servir a Jesucristo.

Título del original: *The Silent Shepherd* © 1996, 2012 por John MacArthur Jr. y publicado por David C. Cook, 4050 Lee Vance View, Colorado Springs, CO 80918. Traducido con permiso.

Edición en castellano: *El Pastor silencioso* © 2015 por Editorial Portavoz, filial de Kregel Publications, Grand Rapids, Michigan 49505. Todos los derechos reservados.

Ninguna parte de esta publicación podrá ser reproducida, almacenada en un sistema de recuperación de datos, o transmitida en cualquier forma o por cualquier medio, sea electrónico, mecánico, fotocopia, grabación o cualquier otro, sin el permiso escrito previo de los editores, con la excepción de citas breves o reseñas.

A menos que se indique lo contrario, todas las citas bíblicas han sido tomadas de la versión Reina-Valera © 1960 Sociedades Bíblicas en América Latina; © renovado 1988 Sociedades Bíblicas Unidas. Utilizado con permiso. Reina-Valera 1960™ es una marca registrada de American Bible Society, y puede ser usada solamente bajo licencia.

El texto bíblico indicado con "NVI" ha sido tomado de *La Santa Biblia, Nueva Versión Internacional*®, copyright © 1999 por Biblica, Inc.® Todos los derechos reservados.

EDITORIAL PORTAVOZ
2450 Oak Industrial Drive NE
Grand Rapids, Michigan 49505 USA
Visítenos en: www.portavoz.com

ISBN 978-0-8254-5608-4 (rústica)
ISBN 978-0-8254-6402-7 (Kindle)
ISBN 978-0-8254-7935-9 (epub)

2 3 4 5 edición / año 24 23 22 21 20 19 18 17 16

Impreso en los Estados Unidos de América
Printed in the United States of America

CONTENIDO

Introducción 7
1. El Pastor silencioso: Una guía 13
2. El Espíritu en el Antiguo Testamento 27
3. El Espíritu de vida: El nuevo pacto 49
4. El Espíritu de transformación y esperanza 69
5. El Espíritu prometido: La plenitud de su llegada 85
6. El Pastor silencioso que obra a nuestro favor 105
7. La senda bíblica para el camino espiritual 123
8. Seamos conscientes de todo nuestro potencial, en el Espíritu 141

Guía de estudio 157

INTRODUCCIÓN

Dos errores relacionados con la doctrina del Espíritu Santo han nublado el entendimiento de la iglesia contemporánea sobre su persona y ministerio. Por un lado, el movimiento carismático está obsesionado con el Espíritu Santo y tienden a concentrar toda la doctrina y adoración exclusivamente en Él. El peligro con un énfasis excesivo en los dones y la dirección del Espíritu Santo es que la experiencia personal es, a menudo, elevada por encima de la verdad objetiva de las Escrituras. Por otro lado, muchos que no son carismáticos tienden a ignorar por completo al Espíritu Santo. Tal vez cansados de la controversia, la confusión y la subjetividad del movimiento carismático, muchos han respondido yendo al extremo opuesto. Simplemente, evitan al Espíritu Santo en su enseñanza y estudio. Además de eso, algunos en el cristianismo evangélico popular han pasado, en las últimas generaciones, de un ministerio centrado en Dios a un enfoque centrado en el hombre. El pragmatismo prevalece. Las iglesias funcionan como empresas. El evangelio es, a menudo, visto como un producto para la comercialización. Los problemas espirituales son tratados con medios psicológicos. En resumen, el ministerio centrado en el hombre opera prácticamente como si el Espíritu Santo fuera innecesario.

Ambos errores son espiritualmente debilitantes. Si entendemos mal el papel del Espíritu Santo, o si dejamos al Espíritu por completo de lado, ¿cómo podremos comprender lo que es caminar en el Espíritu? Pablo reprendió a los gálatas por su falta de dependencia del Espíritu Santo: "¿Tan necios sois? ¿Habiendo comenzado por el Espíritu, ahora vais a acabar por la carne?" (Gá. 3:3). Como sugiere ese versículo, el papel del Espíritu Santo es crucial para llevarnos a la salvación, para darnos el poder de vivir nuestra vida en Cristo y para llevarnos a la máxima perfección en la gloria. En otras palabras, la obra del Espíritu es esencial en toda la experiencia del cristiano. Cada aspecto de la vida cristiana es dirigido y fortalecido por el Espíritu Santo. No podemos permitirnos malinterpretar ni ignorar su función. Hacer eso es poner dificultades a nuestra santificación. Eso es exactamente lo que sucede cuando los creyentes recurren al legalismo, al misticismo carismático y a la psicología, como lo han hecho hoy.

En cuanto a la posición vital del Espíritu Santo en la vida de la Iglesia, Charles Ryrie escribió el siguiente párrafo, que es tan aplicable hoy como lo fue en la década de los sesenta:

> La solución de los problemas de la Iglesia hoy está en resolver los problemas del cristiano individual, y la solución a esos problemas es una Persona: el Espíritu Santo. Él es el antídoto para cada error, el poder para todas las debilidades, la victoria de cada derrota y la respuesta para cada necesidad. Y Él está disponible para los creyentes, porque vive en nuestro corazón y en nuestra vida. La respuesta y el poder ya nos han sido dados al morar el Santo Espíritu en nosotros.[1]

---

1. Charles C. Ryrie, *The Holy Spirit* [*El Espíritu Santo*] (Chicago: Moody, 1965), p. 9. Publicado en español por editorial Portavoz.

Lamentablemente, estas realidades no han sido tomadas muy en serio por los cristianos del siglo XXI. Mientras los creyentes piensan de Cristo como el Buen Pastor (Jn. 10), rara vez ven al Espíritu Santo desempeñando un papel pastoral. Pero 1 Juan 3:24 dice: "Y el que guarda sus mandamientos, permanece en Dios, y Dios en él. Y en esto sabemos que él permanece en nosotros, por el Espíritu que nos ha dado". El apóstol está hablando de la morada de Cristo en nosotros, que el Espíritu Santo nos da a conocer (Jn. 14:17-20). Por tanto, es razonable ver al Espíritu trabajando con Cristo en pastorearnos: está siempre presente para animarnos, guiarnos e iluminarnos con toda verdad espiritual, y nos da el poder para toda buena obra (Jn. 14:16, 26-27; 16:13). De ahí que haya titulado este libro *El Pastor silencioso*, lo que implica la realidad apacible, detrás de escena, pero, no obstante, presente, del ministerio del Espíritu Santo.

Demasiados cristianos andan buscando inútilmente respuestas a preguntas innecesarias. Acuden a conferencias, devoran libros cristianos populares, visitan consejeros, buscan la última novedad para la vida cristiana exitosa, o persiguen la experiencia extática actual para descubrir "el secreto" de la vida abundante en Cristo. Pero yo sostengo que la clave para esa vida *no* es un secreto. Tampoco es un misterio. Las Escrituras contienen toda la información que necesitaremos para una vida cristiana fructífera y exitosa. Nuestro problema no es la falta de información ni una deficiencia en la experiencia espiritual. Nuestro problema es que no confiamos lo suficiente en el ministerio del Espíritu ni le permitimos que aplique la verdad con poder en nuestra vida. Todas las conferencias, los consejeros y los esquemas de una vida más profunda pueden, en realidad, llegar a ser contraproducentes, ya que un falso medio de santificación es una falsificación impotente.

Confío en que este nuevo examen de esas verdades bíblicas nos animará a aplicar los recursos del Espíritu Santo. Vamos a comenzar con un repaso de la doctrina básica del Espíritu Santo. El capítulo 1 desarrolla lo que la Biblia enseña acerca de la personalidad, deidad y obra del Espíritu Santo. También veremos las diversas formas en que el Espíritu Santo aparece representado en las Escrituras.

Otro aspecto del ministerio del Espíritu Santo que está en gran necesidad de clarificación es su papel durante el período del Antiguo Testamento. A través de los siglos, los cristianos han tendido a centrar su atención principalmente en la obra del Espíritu en el Nuevo Testamento. Como resultado, la Iglesia no siempre ha tenido una buena comprensión de la importancia del papel del Espíritu en las personas y los hechos del antiguo pacto. En el capítulo 2, indicaremos que el Espíritu Santo operó en cinco categorías durante los tiempos del Antiguo Testamento: en la creación, en la capacitación de los individuos, en la revelación de la Palabra de Dios, en la regeneración de los individuos y en la santificación de los creyentes. La actividad del Espíritu en el Antiguo Testamento proporciona la base para la comprensión de su papel más importante en el marco del nuevo pacto. Tal comprensión requiere conocer la superioridad del nuevo pacto, del que hablaremos en los capítulos 3 y 4.

La plenitud del Espíritu Santo en la mayor excelencia del nuevo pacto es aún más destacada por la promesa de Jesús a sus discípulos al final de su ministerio terrenal, justo antes de su ascensión:

> Y estando juntos, les mandó que no se fueran de Jerusalén, sino que esperasen la promesa del Padre, la cual, les dijo, oísteis de mí. Porque Juan ciertamente bautizó con agua, mas vosotros seréis bautizados con el Espíritu Santo dentro de no muchos días (Hch. 1:4-5).

Este fue el último aspecto de la promesa que Jesús había dado antes a sus discípulos en el aposento alto. En ese momento, Él

Introducción 11

prometió: "Y yo rogaré al Padre, y os dará otro Consolador, para que esté con vosotros para siempre: el Espíritu de verdad, al cual el mundo no puede recibir, porque no le ve, ni le conoce; pero vosotros le conocéis, porque mora con vosotros, y estará en vosotros" (Jn. 14:16-17).

Por supuesto, la promesa de Jesús en Hechos 1:4-5 se cumplió gloriosamente en Hechos 2 en el día de Pentecostés, cuando los apóstoles recibieron el bautismo del Espíritu Santo. Ya que es vital entender este hecho decisivo en la historia de la Iglesia, nuestro enfoque en el capítulo 5 será un análisis del bautismo del Espíritu. Debido a toda la enseñanza errónea sobre el tema, confío en que este análisis también nos dará una perspectiva clara del lugar del bautismo del Espíritu en el cuerpo de Cristo.

En los últimos capítulos, me centraré en el gozo que podemos derivar de vivir la vida cristiana con una realización plena de la presencia del Espíritu Santo dentro de nosotros. Voy a dedicar algo de espacio a aclarar un error común con respecto a nuestra relación con el Espíritu Santo. Muchos evangélicos contemporáneos han adoptado la idea de que ser llenos del Espíritu es algo extraordinario, no alcanzable por la mayoría de los creyentes normales y corrientes. Veremos, sin embargo, que todos los cristianos pueden estar llenos de forma continua con el Espíritu Santo; y se les manda que así sea.

La vida cristiana comienza y continúa por el poder del Espíritu Santo, a quien Dios ha enviado amorosamente, primero para despertarnos a nuestra necesidad de salvación, luego para darnos el nuevo nacimiento y, por último, para morar dentro de nosotros con el propósito de presentarnos, finalmente, impecables cuando Cristo regrese. Este será el tema de los últimos capítulos de este libro. Confío en que esto se convertirá en el tema subyacente de todo el libro, de acuerdo con esta verdad inmutable: "...No con ejército, ni con fuerza, sino con mi Espíritu, ha dicho Jehová de los ejércitos" (Zac. 4:6).

1
EL PASTOR SILENCIOSO: UNA GUÍA

Cuando un cristiano recita la clara afirmación del Credo de los Apóstoles: "Creo en el Espíritu Santo", está de acuerdo (al menos en apariencia) con una de las grandes creencias fundamentales de la fe cristiana. Pero como con todas las verdades doctrinales esenciales de la Biblia, no es suficiente estar solo de acuerdo intelectualmente con un comunicado escueto. Dios siempre quiere que sus hijos abracen la verdad de todo corazón, con una comprensión mental clara y con un compromiso sincero *y* ferviente de aplicar la verdad a la vida diaria.

Muchos libros escritos en el pasado sobre el Espíritu Santo, aunque son recursos excelentes, son insuficientes a la hora de aplicar las verdades de la doctrina para el crecimiento cristiano. Por otro lado, muchos de los libros contemporáneos populares sobre el Espíritu Santo no son doctrinales en absoluto. Asumen que los lectores tienen un conocimiento fundamental sobre el Espíritu y se ocupan solo de los aspectos experienciales de "vivir en el Espíritu". También hay otra gran cantidad de material contemporáneo sobre el Espíritu Santo, que enfoca el punto de vista carismático, pero incluye excesos no bíblicos, desequilibrios y presuposiciones equivocadas.

En este libro, espero ofrecer al lector una presentación equilibrada mediante la combinación de una base doctrinal adecuada en este capítulo con las discusiones bíblicas en los capítulos siguientes. Esto lo encaminará a la aplicación personal de los recursos del Espíritu Santo. Lo que sigue resume bien mi preocupación por lo que este libro va a transmitir:

> Debido a que Dios en Cristo ha iniciado la era mesiánica con el derramamiento del Espíritu, la relación del hombre con Dios ha cambiado para siempre. La Ley ya no puede ser usada como un medio de exclusión y opresión de los marginados: Jesús ha predicado el evangelio mesiánico de liberación de los cautivos, de dar vista a los ciegos y buenas noticias para los pobres; la nueva ley de la vida se ha escrito en los corazones de los hombres. Por tanto, debemos aborrecer cualquier nuevo legalismo que usa las Escrituras para excluir y oprimir; esto es, convertir la buena nueva de Cristo en "la letra que mata". Más bien, debemos reconocer el carácter "de aliento de Dios" de las Escrituras, y el "Espíritu que da vida". Solo así ellas serán beneficiosas. Por el contrario, el Espíritu no puede ser reclamado como la marca de una élite, como aquello que distingue y divide. El evangelio de Jesucristo incluye el mensaje de que el Espíritu Santo ha sido derramado sobre toda carne. Todos los que abusan de las Escrituras y del Espíritu deben oír el mensaje de Dios: "Porque para vosotros es la promesa, y para vuestros hijos, y para

todos los que están lejos; para cuantos el Señor nuestro Dios llamare".[1]

Mi propósito no es que este sea otro manual más de teología sobre el Espíritu Santo. No obstante, es importante centrarse primero en los elementos de la doctrina básica para sentar la base para nuestras reflexiones en el resto del libro.

La personalidad del Espíritu

El Espíritu Santo es una persona. Él no es una fuerza mística o una influencia metafísica. Él es una persona divina —la tercera persona de la Trinidad—, y reconocer este hecho es absolutamente esencial para la comprensión ortodoxa de lo que Él es.

Ser persona implica tener rasgos de personalidad, y la personalidad incluye el intelecto, las emociones y la voluntad. Y estos atributos son característicos del Espíritu Santo.

Los atributos del Espíritu Santo

En 1 Corintios 2:10-11 leemos: "...el Espíritu todo lo escudriña, aun lo profundo de Dios. Porque ¿quién de los hombres sabe las cosas del hombre, sino el espíritu del hombre que está en él? Así tampoco nadie conoció las cosas de Dios, sino el Espíritu de Dios". Estas afirmaciones suponen que el Espíritu Santo tiene *inteligencia* infinita y, por tanto, debe ser una persona (vea también Is. 11:2 y Ef. 1:17).

El Nuevo Testamento también afirma que el Espíritu tiene *sentimientos*: "Y no contristéis al Espíritu Santo de Dios, con el cual fuisteis sellados para el día de la redención" (Ef. 4:30). Debemos entender, en primer lugar, que los sentimientos divinos no son como las pasiones humanas. El enojo, los celos, el odio, el gozo, el amor, la

---
1. T. S. Caulley, "Holy Spirit" en *Evangelical Dictionary of Theology*, ed. Walter A. Elwell (Grand Rapids, MI: Baker, 1984), p. 527.

tristeza y la ira de Dios no son emociones reactivas o pasivas, como son en los humanos. Es decir, sus sentimientos no suben y bajan en respuesta a diversos estímulos. Dios es soberano e inmutable (Mal. 3:6), por lo tanto, los sentimientos que se le atribuyen en las Escrituras son, en realidad, expresiones soberanas de su propósito y voluntad eternos, y no son como las pasiones humanas, que van y vienen en respuesta a las circunstancias. (Cuando las Escrituras asignan tales pasiones a Dios, están utilizando una figura de expresión conocida como *antropopatismo*, que es la aplicación de emociones humanas a Dios, porque nuestra comprensión y nuestro lenguaje no son adecuados para transmitir la verdad completa). Sin embargo, estas palabras significan *algo*, y sugerir que el Espíritu Santo podría sentir la emoción de ser "entristecido" no tendría sentido si Él no fuera una persona.

La guía que el Espíritu dio a Pablo en Hechos 16:6-11 ilustra que el Espíritu Santo tiene *voluntad*. Él no permitió que el apóstol predicara en Asia y Bitinia, pero en cambio, sí le indicó que fuera a Europa y Macedonia. Su voluntad también determina los diferentes ministerios de los creyentes, porque Él es el que reparte dones espirituales "...a cada uno en particular *como él quiere*" (1 Co. 12:11).

Las actividades del Espíritu Santo

La Biblia describe una amplia variedad de actividades del Espíritu Santo que solo una persona puede realizar.

El Espíritu llama a personas a un servicio especial

"Ministrando éstos al Señor, y ayunando, dijo el Espíritu Santo: Apartadme a Bernabé y a Saulo para la obra a que los he llamado" (Hch. 13:2). "Ellos, entonces, enviados por el Espíritu Santo, descendieron a Seleucia, y de allí navegaron a Chipre" (v. 4).

El Espíritu testifica o da testimonio

"Pero cuando venga el Consolador, a quien yo os enviaré del Padre, el Espíritu de verdad, el cual procede del Padre, él dará testimonio acerca de mí" (Jn. 15:26). "El Espíritu mismo da testimonio a nuestro espíritu, de que somos hijos de Dios" (Ro. 8:16).

El Espíritu intercede

"Y de igual manera el Espíritu nos ayuda en nuestra debilidad; pues qué hemos de pedir como conviene, no lo sabemos, pero el Espíritu mismo intercede por nosotros con gemidos indecibles" (Ro. 8:26).

En otros lugares, las Escrituras representan al Espíritu Santo como el *destinatario* de diversas acciones y actitudes que demuestran su condición de persona. Una vez más, estas referencias no tendrían sentido alguno si el Espíritu no fuera una persona.

Al Espíritu se le puede mentir

"Y dijo Pedro: Ananías, ¿por qué llenó Satanás tu corazón para que mintieses al Espíritu Santo, y sustrajeses del precio de la heredad?" (Hch. 5:3).

Se puede blasfemar contra el Espíritu

"Por tanto os digo: Todo pecado y blasfemia será perdonado a los hombres; mas la blasfemia contra el Espíritu no les será perdonada" (Mt. 12:31).

Relaciones del Espíritu Santo

Debido a que el Espíritu Santo es una persona, es lógico suponer que Él tendrá relaciones con otras personas. Las Escrituras ilustran esto de muchas maneras. Veamos algunos ejemplos.

Tiene relación con los apóstoles

"Porque ha parecido bien al Espíritu Santo, y a nosotros, no imponeros ninguna carga más que estas cosas necesarias" (Hch. 15:28, tomado de la carta que el Concilio de Jerusalén envió a los gentiles en la iglesia de Antioquía).

Tiene relación con todas las personas

Se relaciona con los no creyentes, como nos indica Juan 16:8-11: "Y cuando él venga, convencerá al mundo de pecado, de justicia y de juicio. De pecado, por cuanto no creen en mí; de justicia, por cuanto voy al Padre, y no me veréis más; y de juicio, por cuanto el príncipe de este mundo ha sido ya juzgado".

Con los creyentes, se relaciona en muchos sentidos, todo como resultado de morar en ellos. En 1 Corintios 6:19-20 leemos: "¿O ignoráis que vuestro cuerpo es templo del Espíritu Santo, el cual está en vosotros, el cual tenéis de Dios, y que no sois vuestros? Porque habéis sido comprados por precio; glorificad, pues, a Dios en vuestro cuerpo y en vuestro espíritu, los cuales son de Dios".

Tiene relación con Cristo Jesús

"Pero cuando venga el Espíritu de verdad, él os guiará a toda la verdad; porque no hablará por su propia cuenta, sino que hablará todo lo que oyere, y os hará saber las cosas que habrán de venir. Él me glorificará; porque tomará de lo mío, y os lo hará saber. Todo lo que tiene el Padre es mío; por eso dije que tomará de lo mío, y os lo hará saber" (Jn. 16:13-15).

Se relaciona con Dios

"La gracia del Señor Jesucristo, el amor de Dios, y la comunión del Espíritu Santo sean con todos vosotros. Amén" (2 Co. 13:14).

La deidad del Espíritu Santo

Más de una docena de veces en las Escrituras, el Espíritu aparece vinculado por su nombre y naturaleza a las otras dos personas de la Trinidad (vea Mt. 3:16; Hch. 16:7; Ro. 8:9; 1 Co. 2:11; 3:16; 1 P. 1:11). Mediante varias referencias que asignan los atributos de Dios al Espíritu Santo, la Palabra también demuestra que el Espíritu es Dios.

El Espíritu posee omnisciencia

"Porque ¿quién de los hombres sabe las cosas del hombre, sino el espíritu del hombre que está en él? Así tampoco nadie conoció las cosas de Dios, sino el Espíritu de Dios" (1 Co. 2:11).

El Espíritu posee omnipresencia

"¿A dónde me iré de tu Espíritu? ¿Y a dónde huiré de tu presencia? Si subiere a los cielos, allí estás tú; y si en el Seol hiciere mi estrado, he aquí, allí tú estás. Si tomare las alas del alba y habitare en el extremo del mar, aun allí me guiará tu mano, y me asirá tu diestra" (Sal. 139:7-10).

El Espíritu posee omnipotencia

"El espíritu de Dios me hizo, y el soplo del Omnipotente me dio vida" (Job 33:4).

El Espíritu es la verdad

"Y el Espíritu es el que da testimonio; porque el Espíritu es la verdad" (1 Jn. 5:6).

El Espíritu posee sabiduría

"¿Quién enseñó al Espíritu de Jehová, o le aconsejó enseñándole?" (Is. 40:13).

Las obras del Espíritu Santo

Incluso antes de la era contemporánea de especialización, la gente comúnmente entendía que ciertas tareas requerían materiales, herramientas y habilidades especiales. Solo un cerrajero podría hacer la llave de recambio correcta para abrir un baúl de ajuar cerrado. Solo un relojero podría reparar los interiores intrincados de un reloj de bolsillo. Hoy, solo los que tienen el conocimiento especializado pueden escribir programas de *software* para computadoras. Ciertos proyectos especializados siempre, por su naturaleza, han llevado la impronta de los expertos. Este mismo principio es cierto en un nivel mucho más importante en relación con las actividades cruciales asignadas por las Escrituras al Espíritu Santo. Esas obras demuestran que el Espíritu es divino, porque solo Dios es quien pudo haberlas realizado.

La primera gran obra atribuida al Espíritu Santo es mencionada en el primer capítulo de la Biblia: "En el principio creó Dios los cielos y la tierra. Y la tierra estaba desordenada y vacía, y las tinieblas estaban sobre la faz del abismo, y el Espíritu de Dios se movía sobre la faz de las aguas" (Gn. 1:1-2). Estos primeros versículos muy conocidos de las Escrituras afirman claramente que *la obra divina de la creación* fue supervisada por el Espíritu.

Otros dos versículos conocidos nos confirman que el Espíritu Santo estuvo activo en *la obra de la inspiración de la Biblia*: "Toda la Escritura es inspirada por Dios, y útil para enseñar, para redargüir, para corregir, para instruir en justicia" (2 Ti. 3:16). "Entendiendo primero esto, que ninguna profecía de la Escritura es de interpretación privada, porque nunca la profecía fue traída por voluntad humana, sino que los santos hombres de Dios hablaron siendo inspirados por el Espíritu Santo (2 P. 1:20-21).

Un tercer acontecimiento importante acreditado al Espíritu Santo implica el nacimiento del Señor Jesús. El papel del Espíritu en *la obra de engendrar a Cristo* es presentado en el primer capítulo del Evangelio de Lucas: "Entonces María dijo al ángel: ¿Cómo será esto? pues no conozco varón. Respondiendo el ángel, le dijo: El Espíritu Santo vendrá sobre ti, y el poder del Altísimo te cubrirá con su sombra; por lo cual también el Santo Ser que nacerá, será llamado Hijo de Dios" (Lc. 1:34-35).

Otras varias actividades del Espíritu Santo —o lo que podríamos llamar, más precisamente, ministerios en curso— son dignas de ser incluidas para completar nuestra imagen del Espíritu. (Hablaremos más sobre algunos de estos ministerios dirigidos por el Espíritu en capítulos posteriores).

El Espíritu regenera

"Respondió Jesús: De cierto, de cierto te digo, que el que no naciere de agua y del Espíritu, no puede entrar en el reino de Dios. Lo que es nacido de la carne, carne es; y lo que es nacido del Espíritu, espíritu es. No te maravilles de que te dije: Os es necesario nacer de nuevo. El viento sopla de donde quiere, y oyes su sonido; mas ni sabes de dónde viene, ni a dónde va; así es todo aquel que es nacido del Espíritu" (Jn. 3:5-8).

El Espíritu fortalece

"Entonces las iglesias tenían paz por toda Judea, Galilea y Samaria; y eran edificadas, andando en el temor del Señor, y se acrecentaban fortalecidas por el Espíritu Santo" (Hch. 9:31; vea también Jn. 14:16, 26; 15:26; 16:7).

El Espíritu santifica

"Pero nosotros debemos dar siempre gracias a Dios respecto a vosotros, hermanos amados por el Señor, de que Dios os haya escogido desde el principio para salvación, mediante la santificación por el Espíritu y la fe en la verdad" (2 Ts. 2:13).

Representaciones del Espíritu Santo

Todos estamos familiarizados con los símbolos que se utilizan para comunicar mensajes o describir conceptos complejos. La radio y la televisión con sus mensajes comerciales repetitivos, siempre presentes, son los ejemplos principales del uso de símbolos para comunicarse. Por ejemplo, una conocida marca de baterías utiliza un conejito color rosa que toca el tambor, para proclamar la gran longevidad de las baterías. Al conejito se lo ha visto en tantos anuncios durante los últimos años que se ha convertido en sinónimo de esa marca de baterías. Las grandes empresas han utilizado otros símbolos más abstractos durante años como marcas comerciales. El Peñón de Gibraltar ha sido usado por una de las grandes compañías de seguros, y un óvalo que encierra una esfera (el objetivo u "ojo" de la cámara de televisión) ha sido el emblema corporativo de una cadena de televisión importante.

Mucho antes de que se usaran la mayoría de los símbolos hechos por el hombre para representar y promover proyectos humanos, Dios usó el lenguaje y los símbolos figurativos en las páginas de las Escrituras para comunicar la verdad espiritual. Todo el sistema de sacrificios del Antiguo Testamento, con el tabernáculo y el templo, utilizan muchos elementos y rituales simbólicos. Los escritores de Salmos, Proverbios y otros libros poéticos utilizaron una gran cantidad de lenguaje figurativo y descriptivo para exponer las verdades de Dios. Por supuesto, en su ministerio terrenal, Jesús usó parábolas y enseñanzas mediante objetos para exponer y explicar conceptos doctrinales. Él siempre empleó cosas e ideas familiares con las que sus oyentes podían identificarse.

De una manera similar, Dios también utilizó analogías para

describir la persona y la obra del Espíritu Santo. Siempre y cuando nosotros no alegoricemos o llevemos estas analogías más allá de los límites razonables, el uso de símbolos e ilustraciones puede ser de gran ayuda en la comprensión de quién es el Espíritu y qué está haciendo.

El Nuevo Testamento utiliza varias imágenes para representar al Espíritu Santo. Las mencionamos a continuación, junto con las referencias bíblicas pertinentes, más o menos en su orden de importancia y familiaridad.

El Espíritu es representado como una paloma

"Aconteció que cuando todo el pueblo se bautizaba, también Jesús fue bautizado; y orando, el cielo se abrió, y descendió el Espíritu Santo sobre él en forma corporal, como paloma, y vino una voz del cielo que decía: Tú eres mi Hijo amado; en ti tengo complacencia" (Lc. 3:21-22; vea también Mt. 3:16; Mr. 1:10; Jn. 1:32). En este contexto, la representación del Espíritu Santo mediante una paloma trae a la mente su sencillez (vea Mt. 10:16: "...sed, pues... sencillos como palomas"), su origen celestial y su paz (descendió sobre Jesús).

El Espíritu es representado como fuego

"Y se les aparecieron lenguas repartidas, como de fuego, asentándose sobre cada uno de ellos" (Hch. 2:3). La pequeña frase "como de" indica que las lenguas no eran fuego literal, sino que, simplemente, sugiere el efecto del fuego. Ya había precedentes en el Antiguo Testamento del uso del fuego en relación con la presencia y obra del Señor (vea Éx. 3:2; 13:21; Lv. 9:24; 10:2; Is. 6:1-8).

El Espíritu es representado como viento

"Cuando llegó el día de Pentecostés, estaban todos unánimes juntos. Y de repente vino del cielo un estruendo como de un viento recio que soplaba, el cual llenó toda la casa donde estaban sentados" (Hch. 2:1-2). La mayoría de los comentaristas están de acuerdo en que este viento no fue probablemente una ráfaga literal de aire que sopló. Al igual que con las lenguas de fuego, el énfasis está en la imagen vívida que se utiliza para describir el sonido del Espíritu al acercarse. Los discípulos quizá escucharon el sonido del viento, pero no sintieron necesariamente una ráfaga. (Vea también Juan 3:8, donde se usa la analogía del viento en la descripción de la obra soberana del Espíritu en la regeneración. Este versículo es probablemente también una alusión a Ezequiel 37:9-14, donde el profeta ordena al viento que dé vida a cadáveres).

El Espíritu es representado como aquel que sella

"En él también vosotros, habiendo oído la palabra de verdad, el evangelio de vuestra salvación, y habiendo creído en él, fuisteis sellados con el Espíritu Santo de la promesa" (Ef. 1:13; vea también 2 Co. 1:22; Ef. 4:30). Este sellado se refiere a la señal o garantía de propiedad que completa una transacción. (Para una discusión más completa sobre el Espíritu Santo como un sello, vea mi comentario sobre Efesios en el *Comentario MacArthur del Nuevo Testamento*).

El Espíritu es representado como una promesa

"Mas el que nos hizo para esto mismo es Dios, quien nos ha dado las arras del Espíritu" (2 Co. 5:5; vea también 1:22; Ef. 1:14). La mayoría de nosotros estamos familiarizados con el concepto de arras o anticipo en relación con una compra importante. Al hacer un pago inicial, nos comprometemos a completar la transacción. El don de Dios del Espíritu es su garantía para nosotros de que completará nuestra salvación en la glorificación. Es su promesa de darnos todas las bendiciones futuras de esa salvación.

El Espíritu es representado como agua

"En el último y gran día de la fiesta, Jesús se puso en pie y alzó la voz, diciendo: Si alguno tiene sed, venga a mí y beba. El que cree en mí, como dice la Escritura, de su interior correrán ríos de agua viva. Esto dijo del Espíritu que habían de recibir los que creyesen en él; pues aún no había venido el Espíritu Santo, porque Jesús no había sido aún glorificado" (Jn. 7:37-39). Varias referencias en el Antiguo Testamento también comparan al Espíritu Santo con el agua e insinúan que esta revivió lo que era estéril o estaba muerto (Is. 32:15; 44:3; Jl. 2:28-29).

El Espíritu es representado como un revestimiento

"Ahora voy a enviarles lo que ha prometido mi Padre; pero ustedes quédense en la ciudad hasta que sean revestidos del poder de lo alto" (Lc. 24:49, NVI). En este versículo, Jesús usó claramente las palabras "prometido" y "poder" para referirse al Espíritu Santo. Por tanto, la imagen de ser revestidos también se refiere al Espíritu, y su significado es bastante obvio. Así como la prenda de vestir nos cubre y protege, también lo hace el Espíritu Santo. Así como la vestimenta especial (uniformes, trajes académicos) significa ciertas relaciones, así también el Espíritu muestra que pertenecemos a Dios. (Vea también la figura del hijo pródigo y su túnica en Lucas 15:22).

Esta breve guía sobre la identidad del Espíritu Santo nos ha ayudado a recordar que Él tiene atributos divinos como la tercera persona de la Trinidad. Por ser miembro de la Divinidad, el Espíritu tiene su propia función única, vital e indispensable para llevarla a cabo en la creación y en el desarrollo de la verdadera Iglesia. También podemos comprobar que Él ha estado obrando y ministrando durante toda la eternidad. A pesar de que el Espíritu se hace más prominente en la era del nuevo pacto, eso no quiere decir que estuvo inactivo durante los tiempos del antiguo pacto. Esta verdad se hará más evidente cuando miremos con más detalle el papel del Espíritu Santo en el Antiguo Testamento, en el capítulo 2.

2

EL ESPÍRITU EN EL
ANTIGUO TESTAMENTO

Cómo se distribuye la información, se recibe y se interpreta determina la claridad con que se entiende. Este principio quedó muy bien ilustrado para millones de radioyentes estadounidenses el 30 de octubre de 1938, una fecha que desde entonces ha sido mencionada por muchos historiadores como "la noche en que entró el pánico en América". A los veintitrés años de edad, Orson Welles, el genial escritor, productor y actor, presentó a una audiencia a nivel nacional una adaptación dramática de la novela de ciencia ficción *La guerra de los mundos* de H. G. Wells, que describe una invasión de la Tierra por criaturas de Marte, semejantes a máquinas.

    La obra de Welles fue presentada en un programa de antología semanal, *El Teatro Mercurio*, que por lo general dramatizaba una obra de teatro o un libro clásico. Welles y sus compañeros actores presentaron *La guerra de los mundos* como si se tratara de una cobertura especial de noticias de acontecimientos reales. Ellos negaron toda responsabilidad en el inicio del programa y varias veces durante la transmisión informaron a los oyentes que escuchaban una dramatización, no un noticiero real. Sin embargo, muchas personas sintonizaron después de que comenzó el programa o, de alguna manera, no pudieron reconocer las advertencias durante el transcurso de este. Como resultado, miles de personas pensaron que la emisión estaba describiendo el comienzo de una verdadera invasión de Marte. Muchos trataron de huir en auto de la ciudad de Nueva York, lo que provocó atascos masivos y caóticos de tráfico en las carreteras que conducían fuera de la zona metropolitana. (La dramatización radial contaba que la invasión marciana había comenzado en la zona rural de Nueva Jersey y se dirigía a Nueva York y otras ciudades importantes).

Al día siguiente, Orson Welles avergonzado presentó una disculpa pública por haber asustado a los estadounidenses. Sin duda, muchos de ellos también se sintieron avergonzados por haber creído que el programa era una descripción de hechos reales. Todo este episodio ha sido desde entonces un estudio clásico sobre cómo la desinformación o la "pérdida de información" puede llevar al pánico generalizado.

Rara vez la falta de comunicación de la verdad bíblica o doctrinal lleva tan rápidamente a pensar de forma errónea o trae una confusión tan manifiesta. El efecto suele ser gradual y a largo plazo, pero mucho más perjudicial. Y todo manejo erróneo de la Palabra de Dios hace mucho más daño, sencillamente porque la Palabra tiene que ver con cuestiones más profundas, aquellas cosas que de verdad importan en la vida cristiana.

¿Dos Espíritus o uno?

Mi preocupación principal en este libro es comunicar una idea clara y precisa sobre el Espíritu Santo, nuestro Pastor silencioso. Eso implica que es posible que necesitemos corregir nuestro pensamiento previo en algunas áreas. Una de estas áreas es la comprensión de la obra del Espíritu Santo en el Antiguo Testamento. ¿Existen semejanzas y continuidades entre el antiguo y el nuevo pacto relacionadas con la función del Espíritu? ¿O existen esas enormes diferencias que, en efecto, tenemos que ver como dos manifestaciones completamente diferentes del Espíritu: una en el Antiguo Testamento y otra muy distinta en el Nuevo?

Para responder a estas preguntas, es fundamental que tengamos en cuenta que solo hay un Espíritu y que Él es Dios y es, por tanto, inmutable (invariable). Pablo escribió:

- "Pero todas estas cosas [conceder los varios dones espirituales] las hace uno y el mismo Espíritu, repartiendo a cada uno en particular como él quiere" (1 Co. 12:11).

- "Porque por un solo Espíritu fuimos todos bautizados en un cuerpo, sean judíos o griegos, sean esclavos o libres; y a todos se nos dio a beber de un mismo Espíritu" (1 Co. 12:13).

- "Un cuerpo, y un Espíritu, como fuisteis también llamados en una misma esperanza de vuestra vocación" (Ef. 4:4).

Pablo se estaba refiriendo a la obra del Espíritu Santo entre los creyentes del Nuevo Testamento. Sin embargo, el énfasis está bastante claro en que hay *un solo* Espíritu. El *mismo* Espíritu eterno estuvo obrando durante los períodos del Antiguo y Nuevo Testamento. El Espíritu Santo ha sido, es y siempre será el agente de salvación que lleva a las personas al Señor. Si no hubiera esa fuerte continuidad en el ministerio salvador del Espíritu, Jesús no habría enseñado a Nicodemo como lo hizo:

> Respondió Jesús: De cierto, de cierto te digo, que el que no naciere de agua y del Espíritu, no puede entrar en el reino de Dios. Lo que es nacido de la carne, carne es; y lo que es nacido del Espíritu, espíritu es. No te maravilles de que te dije: Os es necesario nacer de nuevo. El viento sopla de donde quiere, y oyes su sonido; mas ni sabes de dónde viene, ni a dónde va; así es todo aquel que es nacido del Espíritu.
> Respondió Nicodemo y le dijo: ¿Cómo puede hacerse esto? Respondió Jesús y le dijo: ¿Eres tú maestro de Israel, y no sabes esto? (Jn. 3:5-10).

Este breve pasaje termina, en efecto, con Jesús reprendiendo a Nicodemo, un líder religioso judío, por no conocer mejor el Antiguo Testamento. Como alguien que supuestamente conocía la ley de Dios, Nicodemo no debería haberse quedado tan desconcertado por la explicación de Jesús del nuevo nacimiento y el papel del Espíritu Santo en este. (Jesús se encontró con Nicodemo antes que el nuevo pacto fuera ratificado en la cruz, por lo que la instrucción sobre la salvación de nuestro Señor se basaba en verdades del Antiguo Testamento).

Así, pues, hay sin duda mucha continuidad en la obra del Espíritu Santo entre el Antiguo y el Nuevo Testamento.

Sin embargo, un estudio y una interpretación cuidadosos de todas las Escrituras revelan que también hay *distinciones* entre el antiguo y el nuevo pacto en relación con el papel del Espíritu. Lo que ocurrió en Pentecostés, por ejemplo, se describe como un nuevo bautismo del Espíritu (Hch. 1:5). No obstante, es su papel lo que difiere, no el carácter esencial del Espíritu mismo. Su papel más destacado en el marco del nuevo pacto es más íntimo, más personal, pero sigue siendo similar en carácter a como lo vemos funcionar en el Antiguo Testamento.

No hay necesidad de ser ignorantes o estar confundidos sobre el lugar del Espíritu Santo en el ámbito global de la historia redentora, desde Génesis 1:1 hasta los profetas, desde el ministerio terrenal de Jesús hasta la naciente Iglesia y hasta el presente.

El Espíritu en la creación

El primer papel importante que el Antiguo Testamento atribuye al Espíritu Santo se refiere a su participación en la creación. Génesis 1:1-2 dice: "En el principio creó Dios los cielos y la tierra. Y la tierra estaba desordenada y vacía, y las tinieblas estaban sobre la faz del abismo, y el Espíritu de Dios se movía sobre la faz de las aguas". Primero, Dios el Padre, a través de Jesucristo, el Hijo, creó de la nada la sustancia del universo. (Esto es lo que los teólogos llaman a la creación *ex nihilo*, la esencia de lo que se expresa en Juan 1:3). Luego el Espíritu Santo, como la tercera persona de la Trinidad, se encargó de la tarea de supervisar la creación de la materia, la energía y toda la vida vegetal, animal y humana.

Edward J. Young, un erudito en el Antiguo Testamento, explicó el significado de la frase "se movía sobre la faz de las aguas" en Génesis 1:2 de esta manera: "Hay que traducirlo como 'revoloteaba', y la imagen es la del Espíritu de Dios que revoloteaba sobre todas las cosas como un pájaro lo hace sobre su nido. Así podemos ver al Espíritu de Dios tener todas las cosas bajo control".[1]

---

1. Edward J. Young, *In the Beginning: Genesis Chapters 1 to 3 and the Authority of Scripture* (Edinburgh, United Kingdom: Banner of Truth, 1976), p. 37.

El profeta Isaías, por medio de una serie de preguntas retóricas, describe el poder y la autosuficiencia del Espíritu Santo en la creación:

¿Quién midió las aguas con el hueco de su mano y los cielos con su palmo, con tres dedos juntó el polvo de la tierra, y pesó los montes con balanza y con pesas los collados? ¿Quién enseñó al Espíritu de Jehová, o le aconsejó enseñándole? ¿A quién pidió consejo para ser avisado? ¿Quién le enseñó el camino del juicio, o le enseñó ciencia, o le mostró la senda de la prudencia? (Is. 40:12-14).

El poder del Espíritu queda obviamente bien ilustrado en el pintoresco lenguaje del versículo 12, que es solo una lista parcial de su obra maravillosa de poner orden en la materia informe que el Padre creó a través del Hijo.

Job 33:4 afirma también el papel del Espíritu Santo en la creación. Aquí Eliú, uno de los amigos de Job, da testimonio de la verdad de que el Espíritu creó a la humanidad: "El Espíritu de Dios me hizo, y el soplo del Omnipotente me dio vida".

Habilitados por el Espíritu

La segunda gran actividad del Espíritu Santo en el Antiguo Testamento es la habilitación. Por habilitación me refiero a la acción mediante la cual la persona llamada queda capacitada y equipada para la realización de una tarea especial, divinamente diseñada. Estas fueron tareas que requerían habilidad más allá de lo normal, más allá de lo que la gente podría hacer por su cuenta. Esto lo podemos ver en muchos lugares específicos en el Antiguo Testamento, marcados por la expresión "el Espíritu del Señor vino sobre…". Este mismo concepto de habilitación estaba implícito en el llamado de Dios a

Abraham (Gn. 12:1-3) y a Moisés (Éx. 3:14), aun cuando no se usó esa forma de expresarlo.

El Antiguo Testamento presenta cuatro categorías principales de personas que experimentaron esa habilitación de parte del Espíritu Santo.

Los jueces

La primera categoría de personas del Antiguo Testamento en ser habilitadas por el Espíritu fueron los jueces. El libro de Jueces abarcó un período crucial de transición en la historia de Israel, entre Josué y Samuel, cuando el país sufrió diversas etapas de declive espiritual durante las cuales los vecinos de la nación los oprimieron. En Jueces, el escritor hace repetidas referencias "al hecho de que el Espíritu de Dios vino sobre hombres dotados sobrenaturalmente, y que fueron levantados para librar a Israel".[2] Estos hombres dotados incluyeron a Otoniel (Jue. 3:9), Gedeón (6:34), Jefté (11:29), Sansón (14—16) y cuatro de los jueces más prominentes. (Samuel, a menudo llamado el último juez de Israel, no apareció hasta 1 Samuel).

George Smeaton, un teólogo escocés del siglo XIX, contemporáneo de Robert Murray McCheyne y Andrew Bonar, resumió lo que ocurrió cada vez que el Espíritu Santo seleccionó especialmente a un juez para rescatar a Israel:

> El Espíritu de Dios, el autor de todos los dones que ellos recibieron, tanto intelectuales como espirituales, encendió en ellos el valor intrépido; Dios era el rey de la Teocracia, y quebrar el yugo del opresor redundó en su gloria, cuando eso sirvió para los propósitos de

---

2. George Smeaton, *The Doctrine of the Holy Spirit* (Edimburgo, Reino Unido: Banner of Truth, 1974), p. 23.

la disciplina. Un héroe tras otro, dotado de extraordinaria valentía, patriotismo y celo, fue levantado por el Espíritu de Dios para liberar a Israel.[3]

Por tanto, está claro que los jueces no eran hombres que se forjaron a sí mismos ni héroes normales y corrientes. Ellos hicieron un impacto significativo y sobrenatural solo porque fueron dotados por el Espíritu de Dios.

Los artesanos

Artesanos especiales también estuvieron dotados por el Espíritu Santo en el Antiguo Testamento. El ejemplo más conocido es Bezaleel, quien fue el principal artesano en la construcción del tabernáculo. Éxodo 31:1-11 nos presenta a Bezaleel y su compañero Aholiab de esta manera:

> Habló Jehová a Moisés, diciendo: Mira, yo he llamado por nombre a Bezaleel hijo de Uri, hijo de Hur, de la tribu de Judá; y lo he llenado del Espíritu de Dios, en sabiduría y en inteligencia, en ciencia y en todo arte, para inventar diseños, para trabajar en oro, en plata y en bronce, y en artificio de piedras para engastarlas, y en artificio de madera; para trabajar en toda clase de labor. Y he aquí que yo he puesto con él a Aholiab hijo de Ahisamac, de la tribu de Dan; y he puesto sabiduría en el ánimo de todo sabio de corazón, para que hagan todo lo que te he mandado; el tabernáculo de reunión, el arca del testimonio, el propiciatorio que está sobre ella, y todos los utensilios del tabernáculo,

---

3. Ibíd.

la mesa y sus utensilios, el candelero limpio y todos sus utensilios, el altar del incienso, el altar del holocausto y todos sus utensilios, la fuente y su base, los vestidos del servicio, las vestiduras santas para Aarón el sacerdote, las vestiduras de sus hijos para que ejerzan el sacerdocio, el aceite de la unción, y el incienso aromático para el santuario; harán conforme a todo lo que te he mandado.

Este pasaje describe la gran variedad de tareas de artesanía que Bezaleel tenía a su cargo (vea también Éx. 35:30—36:2; 37:1ss.). Todos los objetos que él y sus compañeros trabajaron estaban relacionados con la adoración a Dios, y lograron hacerlos con la ayuda especial del Espíritu Santo, que les permitió hacer la tarea tal como Dios la encargó.

Líderes nacionales

Dios tuvo a bien enviar su Espíritu sobre algunos hombres del Antiguo Testamento para capacitarlos para el liderazgo nacional. David fue uno de esos líderes. Dios lo eligió para ser rey de Israel después del fracaso de Saúl. El Señor obró por medio de Samuel, quien también había sido habilitado por el Espíritu de Dios como el último de los jueces de Israel:

> Dijo Jehová a Samuel: ¿Hasta cuándo llorarás a Saúl, habiéndolo yo desechado para que no reine sobre Israel? Llena tu cuerno de aceite, y ven, te enviaré a Isaí de Belén, porque de sus hijos me he provisto de rey. Y dijo Samuel: ¿Cómo iré? Si Saúl lo supiera, me mataría. Jehová respondió: Toma contigo una becerra de la vacada, y di: A ofrecer sacrificio a Jehová he venido.

Y llama a Isaí al sacrificio, y yo te enseñaré lo que has de hacer; y me ungirás al que yo te dijere. Hizo, pues, Samuel como le dijo Jehová; y luego que él llegó a Belén, los ancianos de la ciudad salieron a recibirle con miedo, y dijeron: ¿Es pacífica tu venida? El respondió: Sí, vengo a ofrecer sacrificio a Jehová; santificaos, y venid conmigo al sacrificio. Y santificando él a Isaí y a sus hijos, los llamó al sacrificio.

Y aconteció que cuando ellos vinieron, él vio a Eliab, y dijo: De cierto delante de Jehová está su ungido. Y Jehová respondió a Samuel: No mires a su parecer, ni a lo grande de su estatura, porque yo lo desecho; porque Jehová no mira lo que mira el hombre; pues el hombre mira lo que está delante de sus ojos, pero Jehová mira el corazón. Entonces llamó Isaí a Abinadab, y lo hizo pasar delante de Samuel, el cual dijo: Tampoco a éste ha escogido Jehová. Hizo luego pasar Isaí a Sama. Y él dijo: Tampoco a éste ha elegido Jehová. E hizo pasar Isaí siete hijos suyos delante de Samuel; pero Samuel dijo a Isaí: Jehová no ha elegido a éstos. Entonces dijo Samuel a Isaí: ¿Son éstos todos tus hijos? Y él respondió: Queda aún el menor, que apacienta las ovejas. Y dijo Samuel a Isaí: Envía por él, porque no nos sentaremos a la mesa hasta que él venga aquí.

Envió, pues, por él, y le hizo entrar; y era rubio, hermoso de ojos, y de buen parecer. Entonces Jehová dijo: Levántate y úngelo, porque éste es. Y Samuel tomó el cuerno del aceite, y lo ungió en medio de sus hermanos; y desde aquel día en adelante el Espíritu de Jehová vino sobre David. Se levantó luego Samuel, y se volvió a Ramá (1 S. 16:1-13).

A partir de entonces, David ocupó una posición especial dentro del plan de Dios para Israel. Pero eso no quiere decir que fue siempre sumiso a la voluntad de Dios o perfectamente obediente a la guía del Espíritu Santo. El pecado de David contra Betsabé y su esposo Urías (2 S. 11) muestra que él estaba lejos de ser un modelo que su pueblo pudiera seguir continuamente. David se dio cuenta de esto cuando oró de la siguiente manera, que es parte de su oración de contrición en el Salmo 51, después del episodio con Betsabé:

> Crea en mí, oh Dios, un corazón limpio, y renueva un espíritu recto dentro de mí. No me eches de delante de ti, y no quites de mí tu santo Espíritu. Vuélveme el gozo de tu salvación, y espíritu noble me sustente (Sal. 51:10-12).

En este salmo, David incluso suplicó a Dios que no le quitara el Espíritu Santo. La petición de David trae a colación una pregunta intrigante relativa al papel del Espíritu en el Antiguo Testamento, una cuestión que ha confundido a muchos cristianos y los lleva a conclusiones erróneas. Debido a casos bien conocidos como el rey Saúl (1 S. 16:14) y Sansón (Jue. 16:20), en los que el Espíritu del Señor se apartó de ellos, los creyentes han hecho dos preguntas: "¿Es esta la manera normal en que el Espíritu Santo lidiaba con todas las personas del Antiguo Testamento?" y "¿Que le quiten el Espíritu significa que la persona podía perder su salvación?".

La respuesta a esta doble pregunta es un rotundo ¡no! Los escritores del Antiguo Testamento nunca tuvieron la intención de presentar a Sansón y a Saúl como ejemplos típicos de creyentes. Primero, la concesión y retirada del Espíritu estaba relacionada con los tipos especiales de habilitación que hemos considerado en esta sección. En el caso de David, no tenía nada que ver con su relación personal con Dios, sino con el deseo de mantener la unción espiritual única que hacía de él un rey eficaz en nombre de Dios. Segundo, el concepto de perder la salvación es incompatible con las enseñanzas básicas del Nuevo Testamento sobre la seguridad de la salvación (Jn. 6:37-40; 10:27-30) y el papel del Espíritu en asegurarla (Ro. 8:9, 16-17; Ef. 1:13-14). La salvación es igual en todas las épocas, por lo que sería un error relacionar el aumento y la disminución de la manifestación del poder del Espíritu Santo en el Antiguo Testamento con la obra salvadora del Espíritu y, por tanto, creer que los creyentes del Antiguo Testamento perdieron su salvación.

Los profetas

La última categoría de figuras del Antiguo Testamento habilitadas por el poder del Espíritu Santo para un propósito especial son los profetas. Esta habilitación del Espíritu estaba relacionada con la tarea de transmitir la palabra revelada de Dios a su pueblo. Un diccionario de teología define *profeta* y describe su función de la siguiente manera:

> La palabra "profeta" viene del griego *prophetes*, de *pro* ("antes" o "para") y *phemi* ("hablar"). El profeta es, pues, el que habla antes en el sentido de proclamar, o el que habla en nombre de, por ejemplo, en el nombre de (Dios)... La originalidad de la profecía bíblica se deriva del fenómeno de la inspiración. A diferencia de las figuras sacras de la antigüedad pagana, el profeta bíblico no es un mago. Él no fuerza a Dios. Por el contrario, se encuentra bajo restricción divina. Es Dios quien lo invita, lo llama y lo impulsa. Ejemplo: Jer. 20:7.[4]

---

4. A. Lamorte y G. F. Hawthorne, "Prophecy, Prophet" en *The Evangelical Dictionary of Theology*, ed. Walter A. Elwell (Grand Rapids, MI: Baker, 1984), p. 886.

Hay muchos ejemplos de esta singular habilitación divina que podemos tomar de los profetas del tiempo del Antiguo Testamento, pero dos versículos ilustrativos (uno de un profeta mayor y otro de un profeta menor) serán suficientes. Ezequiel 11:5 dice: "Y vino sobre mí el Espíritu de Jehová, y me dijo: Di: Así ha dicho Jehová: Así habéis hablado, oh casa de Israel, y las cosas que suben a vuestro espíritu, yo las he entendido". Miqueas 3:8 agrega esta declaración: "Mas yo estoy lleno de poder del Espíritu de Jehová, y de juicio y de fuerza, para denunciar a Jacob su rebelión, y a Israel su pecado".

Este breve estudio del ministerio cuádruple de habilitación del Espíritu Santo elimina las percepciones erróneas comunes acerca de su supuesta ausencia o inactividad durante el período del Antiguo Testamento. Cada aspecto de la capacitación, desde los resultados pragmáticos producidos por los artesanos del tabernáculo hasta los efectos profundos y duraderos de las palabras de los profetas, demuestra que el Espíritu Santo jugó un papel prolífico y significativo a lo largo del antiguo pacto.

La revelación por el Espíritu

La tercera área del ministerio del Espíritu Santo en tiempos del Antiguo Testamento —la revelación de la verdad divina mediante palabras divinas— corre con fluidez y lógica de nuestra discusión previa de habilitación profética. El escritor de Hebreos comenzó su carta con estas palabras: "Dios, habiendo hablado muchas veces y de muchas maneras en otro tiempo a los padres por los profetas" (He. 1:1). F. F. Bruce dijo: "La etapa más temprana de la revelación [Antiguo Testamento] fue dada en una variedad de formas: Dios habló mediante sus obras poderosas de misericordia y juicio; y fue dado a conocer el significado y el propósito de esas obras por medio de sus siervos los profetas; ellos fueron admitidos en su concilio secreto y conocieron sus planes con anticipación. Le habló a Moisés en la tormenta y el trueno, y en un silbo apacible y delicado a Elías".[5]

El Espíritu Santo no estuvo simplemente presente e intervino alguna vez en los acontecimientos del Antiguo Testamento. Él fue y es el autor de los libros del Antiguo Testamento que leemos hoy. Esta gran verdad deriva directamente de la gran declaración clásica del apóstol Pablo en 2 Timoteo 3:16: "Toda la Escritura es inspirada por Dios...". Cuando Pablo escribió eso, "toda la Escritura" se refería a lo que era el Antiguo Testamento. Por tanto, es evidente que el Espíritu Santo estuvo bien activo e involucrado en la revelación de la Palabra de Dios a los escritores del Antiguo Testamento.

La frase "es inspirada por Dios" es la traducción de *theopneustos*, una palabra griega teológicamente importante, que significa literalmente "respirado por Dios". El mismo uso de este término, con la raíz *pneustos* relacionada con *pneuma*, "espíritu", implica que el Espíritu Santo estuvo involucrado en todo el proceso de revelar la Palabra de Dios. Cada pensamiento y frase del Antiguo como del Nuevo Testamento es la Palabra respirada de Dios, que fue fielmente registrada por los escritores guiados por el Espíritu.

Las palabras del apóstol Pedro nos proporcionan una verificación adicional del Nuevo Testamento de que el Espíritu Santo estaba obrando en la revelación de las Escrituras del Antiguo Testamento a Moisés, a los profetas y a todos los otros escritores llamados por Dios: "Entendiendo primero esto, que ninguna profecía de la Escritura es de interpretación privada, porque nunca la profecía fue traída por voluntad humana, sino que los santos hombres de Dios hablaron siendo inspirados por el Espíritu Santo" (2 P. 1:20-21).

En el Antiguo Testamento mismo, los hombres que Dios usó

---

5. F. F. Bruce, *The Epistle to the Hebrews*, New International Commentary on the New Testament [*La Epístola a los Hebreos*] (Grand Rapids, MI: Eerdmans, 1964), pp. 2-3. Publicado en español por Libros Desafío.

El Espíritu en el Antiguo Testamento 41

para escribir las Escrituras dan testimonio de la función del Espíritu Santo en ese proceso:

- "Estas son las palabras postreras de David. Dijo David hijo de Isaí, dijo aquel varón que fue levantado en alto, el ungido del Dios de Jacob, el dulce cantor de Israel: El Espíritu de Jehová ha hablado por mí, y su palabra ha estado en mi lengua" (2 S. 23:1-2).

- "Les soportaste [Dios] por muchos años, y les testificaste con tu Espíritu por medio de tus profetas, pero no escucharon; por lo cual los entregaste en mano de los pueblos de la tierra" (Neh. 9:30).

- "Y pusieron su corazón como diamante, para no oír la ley ni las palabras que Jehová de los ejércitos enviaba por su Espíritu, por medio de los profetas primeros..." (Zac. 7:12).

La regeneración por el Espíritu

El cuarto ministerio importante del Espíritu Santo en el Antiguo Testamento era la regeneración de los pecadores. Al principio de este capítulo, señalamos que Jesús reprendió a Nicodemo por su ignorancia del papel del Espíritu en la regeneración (Jn. 3:10). Es evidente que el Espíritu Santo estuvo involucrado de forma vital en la regeneración de las personas durante el tiempo del Antiguo Testamento. El teólogo J. I. Packer dio la siguiente visión general concisa de la regeneración en el Antiguo Testamento:

> En las profecías del Antiguo Testamento, la regeneración se describe como la obra de Dios de renovar, circuncidar y ablandar los corazones de Israel, escribiendo

sus leyes sobre ellos para lograr que lo conozcan, lo amen y le obedezcan como nunca antes (Dt. 30:6; Jer. 31:31-34; 32:39-40; Ez. 11:19-20; 36:25-27). Se trata de una obra soberana de purificación de la impureza del pecado (Ez. 36:25; vea también Sal. 51:10.), causada por el poder personal de exhalación creadora de Dios ("espíritu": Ez. 36:27; 39:29). Jeremías declara que dicha renovación a escala nacional presentará y señalará la nueva administración mesiánica de Dios de su pacto con su pueblo (Jer. 31:31; 32:40).[6]

Una parte integral de la obra de regeneración es la convicción previa de pecado. La convicción por el Espíritu Santo no es solo un concepto del Nuevo Testamento. La obra de convicción del Espíritu se registra en las primeras páginas del Antiguo Testamento: "Y dijo Jehová: No contenderá mi espíritu con el hombre para siempre, porque ciertamente él es carne" (Gn. 6:3). Esa declaración mira hacia adelante a lo que Jesús enseñaría a sus discípulos en el aposento alto: "Y cuando él venga [el Espíritu Santo], convencerá al mundo de pecado, de justicia y de juicio" (Jn. 16:8). Una vez más, hay una clara continuidad entre el Antiguo y el Nuevo Testamento con respecto a lo que hace el Espíritu Santo.

La actuación temprana del ministerio de convicción del Espíritu Santo también demuestra la realidad de la depravación total de la humanidad desde la caída. Muchos están confundidos con la expresión *depravación total*. Esto no quiere decir que todas las personas son tan malvadas como pueden serlo. Sí significa que el principio del pecado ha invadido todos los aspectos de la naturaleza humana. Estamos corrompidos hasta la médula por el pecado. A pesar de que

---

6. J. I. Packer, "Regeneration" en *Evangelical Dictionary of Theology*, ed. Walter A. Elwell (Grand Rapids, MI: Baker, 1984), p. 925.

la expresión del pecado puede que no sea de forma individual tan a fondo como la humanidad es capaz de hacerlo, todos estamos completa y totalmente depravados, y somos incapaces de hacer algún bien que merezca la salvación. Nuestras voluntades se inclinan inexorablemente hacia el mal. Dadas las opciones, caemos en el pecado sin poder evitarlo, nos rebelamos contra Dios y nos destruimos espiritualmente. Y no podemos hacer nada para cambiar nuestra naturaleza o la relación de enemistad contra Dios. Eso es la depravación total.

Debido a que la depravación total llegó con la caída, sabemos que afectó a las personas del Antiguo Testamento y a todo el mundo desde entonces. De hecho, antes del diluvio, las Escrituras nos dicen: "Y vio Jehová que la maldad de los hombres era mucha en la tierra, y que todo designio de los pensamientos del corazón de ellos era de continuo solamente el mal" (Gn. 6:5). No obstante, las cosas no fueron diferentes después del diluvio. Dios dijo: "...porque el intento del corazón del hombre es malo desde su juventud..." (8:21). La depravación total todavía mancha la raza humana. Jeremías dijo: "Engañoso es el corazón más que sobre todas las cosas, y perverso..." (Jer. 17:9).

Considere la descripción de la depravación en Romanos 3:10-18:

> Como está escrito: No hay justo, ni aun uno; no hay quien entienda, no hay quien busque a Dios. Todos se desviaron, a una se hicieron inútiles; no hay quien haga lo bueno, no hay ni siquiera uno. Sepulcro abierto es su garganta; con su lengua engañan. Veneno de áspides hay debajo de sus labios; su boca está llena de maldición y de amargura. Sus pies se apresuran para derramar sangre; quebranto y desventura hay en sus caminos; y no conocieron camino de paz. No hay temor de Dios delante de sus ojos.

Todo el pensamiento de Pablo en este pasaje se deriva de los siguientes versículos del Antiguo Testamento: Salmos 5:9; 10:7; 14:1-3; 36:1; 53:1-4; 140:3 e Isaías 59:7ss. Su uso de estos pasajes destaca una vez más que nuestra depravación y nuestra necesidad del Espíritu Santo en la convicción y regeneración son enseñanzas arraigadas en el Antiguo Testamento. Por tanto, todos los creyentes del Antiguo Testamento nacieron supuestamente de nuevo como resultado de la obra milagrosa del Espíritu Santo en sus corazones, no por ningún otro método (Dt. 30:6; vea también Jer. 13:23; 31:31-34; Ez. 36:25-27; 37:5-6).

Hebreos 11 es un tributo adicional del Nuevo Testamento al ministerio de regeneración del Espíritu Santo en el Antiguo Testamento. El escritor de Hebreos supone con razón en todo el capítulo que todos los modelos de fe del Antiguo Testamento, desde Abel hasta el último de los profetas, eran creyentes genuinos. No hay manera de que ellos pudieran haber vivido una vida tan ejemplar de fe sin haber sido regenerados por el Espíritu Santo. Aun cuando la teología de la regeneración no fue definida completamente hasta el tiempo de Jesús, no por ello es menos real para los creyentes del antiguo pacto.

Para ilustrar esto, usemos una analogía del tiempo. En las últimas décadas, los meteorólogos han hecho grandes avances en la tecnología de la observación del tiempo, la previsión, el seguimiento de tormenta y así sucesivamente. Las fotografías de los satélites meteorológicos nos muestran las ubicaciones de las tormentas en desarrollo y los movimientos de las nubes y los sistemas frontales. Las computadoras pueden analizar los datos y producir muestras de cómo el tiempo es probable que se desarrolle dentro de cinco o diez días. Sin embargo, solo porque esa tecnología no existía hace un siglo no significa necesariamente que el tiempo era tan diferente de los patrones y ciclos de la actualidad. Las tormentas todavía exhiben ciertas características dadas por Dios; nosotros simplemente no podíamos entenderlas o predecirlas tal como lo hacemos hoy.

La preservación por el Espíritu

El último ministerio importante del Espíritu Santo en el Antiguo Testamento fue la preservación del creyente. Acabamos de ver que Él amorosa y soberanamente regeneró individuos durante el tiempo del Antiguo Testamento. Con lógica se deduce que, en la vida de aquellos a quienes dio nueva vida, el Espíritu estaría bien ocupado en el ministerio importante de preservar y perfeccionar.

El Nuevo Testamento tiene mucho que decir acerca de la seguridad del creyente, en especial Juan 10:27-29: "Mis ovejas oyen mi voz, y yo las conozco, y me siguen, y yo les doy vida eterna; y no perecerán jamás, ni nadie las arrebatará de mi mano. Mi Padre, que me las dio, es mayor que todos, y nadie las puede arrebatar de la mano de mi Padre". Juan 5:24; 6:37; Romanos 5:5; 8:9-17 y Efesios 1:13-14 son otros pasajes que hablan de la seguridad de la salvación. Incluso la "Confesión de Fe de Westminster" dice lo siguiente: "Ellos, aquellos a quienes Dios ha aceptado en su Amado, eficazmente llamados y santificados por su Espíritu, no pueden ni total ni finalmente caer del estado de gracia, sino que ciertamente perseverarán en ella hasta el final y serán salvos eternamente" (capítulo XVII, sección I).

La perspectiva del Nuevo Testamento deja bien en claro que Dios, por medio del Espíritu Santo, nos atrae a Él y nos preserva en esa relación (Ro. 8:29-30, 35-39; Jud. 24-25). Pero tendemos a pasar por alto o ignorar el hecho de que el Espíritu también preservó a los santos del Antiguo Testamento en sus relaciones con Dios.

Recuerde lo que dijo David en su oración de contrición en el Salmo 51:10-12, después de que el profeta Natán le hizo ver su adulterio con Betsabé y el asesinato de su marido:

Crea en mí, oh Dios, un corazón limpio, y renueva un espíritu recto dentro de mí. No me eches de delante de ti, y no quites de mí tu santo Espíritu. Vuélveme el gozo de tu salvación, y espíritu noble me sustente.

David reconoció que para vivir una vida de obediencia que agradara a Dios como creyente necesitaba la ayuda divina. Él no confiaba en su propio esfuerzo y sus recursos para restaurar su vida. También está claro, a partir de estos versículos, que David sabía que necesitaba el poder del Espíritu Santo si iba a continuar como líder de Israel. La narrativa en 2 Samuel 12 demuestra implícitamente que el Espíritu sostuvo a David. Él lo llevó a través de la disciplina de la pérdida de su hijo ilegítimo, le permitió adorar a Dios de nuevo, le dio un nuevo hijo (Salomón) y lo restauró con amor (v. 24).

Los salmistas (con mayor frecuencia David) mostraron en numerosos lugares su comprensión del ministerio de preservación del Espíritu Santo; tal vez el Salmo 125:1-2 sea el mejor ejemplo: "Los que confían en Jehová son como el monte de Sion, que no se mueve, sino que permanece para siempre. Como Jerusalén tiene montes alrededor de ella, así Jehová está alrededor de su pueblo desde ahora y para siempre" (vea también Sal. 1:3; 34:7; 37:24; 48:14; 66:9; 92:12; 119:33; 138:8).

Los profetas del Antiguo Testamento entendieron esta verdad también. Isaías dijo: "Ahora, así dice Jehová, Creador tuyo, oh Jacob, y Formador tuyo, oh Israel: No temas, porque yo te redimí; te puse nombre, mío eres tú. Cuando pases por las aguas, yo estaré contigo; y si por los ríos, no te anegarán. Cuando pases por el fuego, no te quemarás, ni la llama arderá en ti (Is. 43:1-2; vea también 46:4; 54:10; 59:21). Ezequiel 36:27 le da más apoyo a la preservación de un ministerio por el Espíritu: "Y pondré dentro de vosotros mi Espíritu, y haré que andéis en mis estatutos, y guardéis mis preceptos, y los pongáis por obra". (Este versículo confirma la enseñanza de Pablo en Efesios 2:10: "Porque somos hechura suya, creados en Cristo Jesús para buenas obras, las cuales Dios preparó de antemano para que anduviésemos en ellas". Vea también Jer. 31:3; 32:40; Ez. 11:19-20).

Las pruebas bíblicas apuntan de forma abrumadora a un papel importante del Espíritu Santo en el Antiguo Testamento. El Espíritu de Dios desempeñó una tarea vital en la creación del mundo y la revelación de las Escrituras del Antiguo Testamento. Tuvo una parte igualmente significativa en el desarrollo de la vida espiritual de los elegidos durante el antiguo pacto, en su regeneración y conservación.

Confío en que la naturaleza total y completa del ministerio del Espíritu Santo quedará más clara que nunca para usted a medida que desarrollemos este estudio. En los próximos capítulos, veremos las distinciones en el ministerio del Espíritu del antiguo al nuevo pacto, pues los creyentes del nuevo pacto experimentan más plenitud, riqueza y profundidad del Espíritu. Pero oro pidiendo que recordemos, sobre todo, que el Espíritu Santo ha estado y sigue obrando en todas las épocas del plan de Dios, porque hay solo "un cuerpo, y un Espíritu, como fuisteis también llamados en una misma esperanza de vuestra vocación" (Ef. 4:4).

3

EL ESPÍRITU DE VIDA: EL NUEVO PACTO

Al final del estudio de los ministerios del Espíritu en el Antiguo Testamento, que con frecuencia se pasan por alto, en el capítulo anterior observamos un mayor protagonismo del Espíritu bajo la revelación más plena del nuevo pacto. Esta creciente participación del Espíritu Santo con los creyentes supone algo más que una diferencia superficial entre los dos testamentos. La superioridad del nuevo sobre el antiguo comienza a perfilarse. Si vamos a apreciar plenamente el potencial del ministerio del Espíritu Santo en nuestras vidas, es útil estudiar la importancia del nuevo pacto y entender su preeminencia.

Un mejor pacto

Mateo 26:27-28 dice: "Y tomando la copa, y habiendo dado gracias, les dio, diciendo: Bebed de ella todos; porque esto es mi sangre del nuevo pacto, que por muchos es derramada para remisión de los pecados". Estas son las propias palabras de Jesús a sus discípulos en la última cena, la noche antes de su muerte. Estas palabras están llenas de una importante verdad sobre el nuevo pacto. Nuestro Señor proveyó la base del pacto, su sangre (o muerte), y reveló el propósito distintivo del pacto: ofrecer el perdón de los pecados.

Por esa razón, el nuevo pacto aparece en agudo contraste con el antiguo pacto. El nuevo es la esencia y el epítome del plan redentor de Dios. Revela en términos bien definidos la base para la salvación, mientras que el antiguo pacto estaba cargado de simbolismo que se limitaba a señalar hacia el verdadero medio de expiación. Los sacrificios y los símbolos del antiguo pacto nunca podrían por sí mismos salvar a nadie. Todas las ceremonias, incluidas la circuncisión, los sacrificios de animales y diversas abluciones, eran meramente simbólicas. Solo eran sombras, imágenes y modelos que apuntaban a la realidad futura del nuevo pacto, ratificado por la muerte de Jesucristo. En pocas palabras, eran elementos de un pacto inferior y no tenían eficacia salvadora por sí mismos (He. 10:4, 11).

El autor de la epístola a los hebreos, inspirado e impulsado por el Espíritu Santo, dio una excelente sinopsis del nuevo pacto como el mejor pacto:

> Pero ahora tanto mejor ministerio es el suyo, cuanto es mediador de un mejor pacto, establecido sobre mejores promesas.
>
> Porque si aquel primero hubiera sido sin defecto, ciertamente no se hubiera procurado lugar para el segundo. Porque reprendiéndolos dice: He aquí vienen días, dice el Señor, en que estableceré con la casa de Israel y la casa de Judá un nuevo pacto; no como el pacto que hice con sus padres el día que los tomé de la mano para sacarlos de la tierra de Egipto; porque ellos no permanecieron en mi pacto, y yo me desentendí de ellos, dice el Señor. Por lo cual, este es el pacto que haré

con la casa de Israel después de aquellos días, dice el Señor: Pondré mis leyes en la mente de ellos, y sobre su corazón las escribiré; y seré a ellos por Dios, y ellos me serán a mí por pueblo; y ninguno enseñará a su prójimo, ni ninguno a su hermano, diciendo: Conoce al Señor; porque todos me conocerán, desde el menor hasta el mayor de ellos. Porque seré propicio a sus injusticias, y nunca más me acordaré de sus pecados y de sus iniquidades. Al decir: Nuevo pacto, ha dado por viejo al primero; y lo que se da por viejo y se envejece, está próximo a desaparecer (He. 8:6-13).

Un breve examen de este pasaje revela dos hechos básicos acerca del nuevo pacto: Tiene un mejor mediador, Jesucristo; y tiene mejores características, que se basan en mejores promesas.

Un mejor mediador

Cada pacto tiene un mediador. Un mediador es alguien que está entre dos partes y sirve de puente entre ellas. A este fin, el mediador debe representar a ambas partes por igual. Como Jesucristo es verdadero Dios y verdadero hombre, es la única persona que podría ser el mediador entre Dios y la humanidad (1 Ti. 2:5). Y Él es el mejor mediador de un mejor pacto: el nuevo pacto.

Bajo el antiguo pacto, los sacerdotes y los líderes humanos fueron mediadores visibles. Moisés, por ejemplo, sirvió como mediador (Éx. 20:19; Dt. 5:5; Gá. 3:19). Los sacerdotes levitas también fueron mediadores porque representaban al pueblo delante de Dios en los sacrificios que ofrecían. Los profetas también eran mediadores, en cierto sentido, porque llevaron la Palabra de Dios al pueblo. Pero a pesar de que Moisés, los sacerdotes y los profetas podían ser vistos como mediadores reales, ellos tenían una gran deficiencia. Ninguno de ellos podría representar igualmente a ambas partes (Dios y la humanidad), ya que ninguno de ellos era Dios. Obviamente, con el fin de representar a ambas partes con perfecta satisfacción e igualdad, el mediador tendría que ser a la vez Dios y hombre. Y eso nos lleva a 1 Timoteo 2:5: "Porque hay un solo Dios, y un solo mediador entre Dios y los hombres, Jesucristo hombre". El único mediador perfecto que podía cumplir con todos los requisitos para una mediación justa, imparcial y completa fue Jesucristo, que era a la vez Dios y hombre.

Por tanto, está claro que el nuevo pacto tiene un mejor mediador que el antiguo. Nadie podría ser mejor que el Señor Jesucristo. Él es el mediador supremo y perfecto, cuya función era la realidad más grande que solo pudo ser representada y prefigurada por la obra del sacerdocio levítico en el antiguo pacto.

Basado en mejores promesas

El nuevo pacto también se basa en mejores promesas. Todos los pactos son, por su propia naturaleza, promesas. El antiguo pacto estaba basado en promesas entre Dios e Israel, como Moisés recordó al pueblo (Dt. 5:1-5). Pero las promesas estaban entretejidas en el carácter detallado y complejo del antiguo pacto, con sus muchos sacrificios, rituales, mandamientos y largas instrucciones para vivir. Estos aspectos jurídicos del antiguo pacto abordaban todos los aspectos imaginables de la vida, incluidas las limitaciones estrictas sobre lo que la gente podía comer y vestir. Todo el sistema era engorroso, repetitivo e imposible de cumplir. (Una lectura básica de los capítulos relacionados en Éxodo, Levítico, Números y Deuteronomio revelan con mayor detalle esas características legales del antiguo pacto).

¿Por qué fueron incluidos tantos elementos imprecisos, simbólicos y jurídicos en el antiguo pacto? Es importante entender este tema con cuidado. El antiguo pacto no era "un pacto de obras", como algunos sugieren. La salvación en el antiguo pacto no era obtenida por la obediencia a la ley, pues incluso bajo el antiguo pacto, la salvación era por gracia mediante la fe, de acuerdo con la promesa de salvación que Dios hizo inicialmente a Abraham y a su descendencia. La ley de Moisés no anuló la promesa de la salvación por gracia mediante la fe que Dios había hecho con anterioridad a Abraham (vea Gá. 3:14-17). Así que incluso en el antiguo pacto, la salvación se ofrece en la promesa de gracia que Dios hizo a Abraham a causa de la obra de Jesucristo, a quien Dios identificó como "...el Cordero que fue inmolado desde el principio del mundo" (Ap. 13:8). Esto indica que su muerte fue el sacrificio que cubrió a los santos del Antiguo Testamento. Debido a la aplicación de Dios del sacrificio de Cristo a todos los creyentes en el antiguo pacto, el autor de Hebreos escribió: "las obras suyas estaban acabadas desde la fundación del mundo" (He. 4:3).

Por esa razón, la carta a los hebreos dice que las promesas del nuevo pacto son superiores. Por un lado, no están cargadas con sacrificios y ceremonias repetidas, "todo lo cual es sombra de lo que ha de venir; pero el cuerpo es de Cristo" (Col. 2:17). Las nuevas promesas del pacto aportan la sustancia que las sombras del antiguo solo podían simbolizar. Además, el antiguo pacto era solo temporal y transitorio, pero el nuevo es permanente y final.

Abundando sobre lo esencial, bajo el antiguo pacto, los sacrificios tenían que ser repetidos a diario, pero el nuevo pacto suministra un sacrificio eficaz una vez y para siempre en la muerte de Cristo (He. 10:4, 10-14). Los sacrificios del antiguo pacto meramente cubrían los pecados mientras que señalaban simbólicamente la expiación completa del nuevo pacto. Esa expiación perfecta, hecha una vez y para siempre fue provista por Cristo, que cargó con todos los pecados de todos los creyentes de todos los tiempos y *se los llevó* en un solo acto: "habiendo ofrecido una vez para siempre un solo sacrificio por los pecados" (He. 10:12).

Además de eso, como hemos señalado, la adoración del antiguo pacto estaba llena de ceremonias y rituales. El nuevo pacto ha sustituido todo eso con un ministerio del Espíritu Santo, nuevo, más personal y superior. Mientras que los adoradores del antiguo pacto tenían que ofrecer sus sacrificios en el templo de Jerusalén, los adoradores del nuevo pacto adoran "en espíritu y verdad" en cualquier lugar (Jn. 4:23).

Por lo tanto, la enseñanza aquí es que las promesas incompletas y vagas del antiguo pacto han dado paso, por el propósito amoroso y soberano de Dios, a las promesas más gloriosas y completas del nuevo pacto (He. 8:6). El único camino de salvación es, como siempre ha sido, por gracia mediante la fe. Dios siempre ha perdonado y justificado al hombre arrepentido basado en que Jesucristo llevó en la cruz el pecado del creyente. Pero el nuevo pacto realmente ofrece el sacrificio completo, hecho una vez y para siempre. Este sacrificio fue prefigurado por los sacrificios de animales del antiguo pacto.

Echemos un vistazo a Hebreos 9:11-14, el cual explica claramente este gran contraste entre el antiguo pacto y el nuevo:

> Pero estando ya presente Cristo, sumo sacerdote de los bienes venideros, por el más amplio y más perfecto tabernáculo, no hecho de manos, es decir, no de esta creación, y no por sangre de machos cabríos ni de becerros, sino por su propia sangre, entró una vez para siempre en el Lugar Santísimo, habiendo obtenido eterna redención. Porque si la sangre de los toros y de los machos cabríos, y las cenizas de la becerra rociadas a los inmundos, santifican para la purificación de la carne, ¿cuánto más la sangre de Cristo, el cual mediante el Espíritu eterno se ofreció a sí mismo sin mancha a Dios, limpiará vuestras conciencias de obras muertas para que sirváis al Dios vivo?

Este pasaje explica la enseñanza esencial de que todo lo que necesitamos ahora es el nuevo pacto. Mientras que el sumo sacerdote en el antiguo pacto tenía que entrar en el lugar santo con regularidad durante todo el año y en el lugar santísimo una vez al año para ofrecer el sacrificio por el pecado, Cristo tuvo que ofrecerse a sí mismo una sola vez como el sacrificio perfecto para perdonar pecados. Ahora que la sustancia está aquí, no hay razón para volver a las sombras. *No necesitamos un sistema ritual para mantener una buena relación con Dios.* Tristemente, el ritualismo, tan común en comunidades como el catolicismo romano, la ortodoxia oriental y algunas denominaciones protestantes de la llamada alta iglesia, solo obstaculiza la obra del Espíritu de Dios para que las personas disfruten de los beneficios del nuevo pacto. El nuevo pacto no estaba destinado a ser un sistema lastrado con ritualismos. Esa es una de las cosas que lo diferencian del antiguo pacto.

Hebreos 8:7-8 afirma con toda claridad que el antiguo pacto tenía defectos y deficiencias. Los sacrificios de animales y otros requisitos ceremoniales de la ley no eran "faltas" en el sentido de que fueran elementos del mal, porque Dios mismo los ordenó. Pero eran inherentemente inadecuados porque no eran más que simbólicos y temporales, y nunca fueron diseñados para ser eficaces. Por eso tenía que haber un nuevo pacto. El resto de Hebreos 8, que es principalmente una cita de Jeremías 31:31-34, nos da siete características del nuevo pacto, que muestra cómo es uno mejor.

Es de Dios (He. 8:8)

Lo que el escritor de Hebreos quiso decir cuando citó Jeremías 31:31 es que el nuevo pacto era el plan soberano de Dios desde el principio. Nunca planeó hacer el antiguo pacto permanente. El nuevo pacto, por tanto, no es un cambio en el plan divino, sino una culminación del plan que Él tenía desde antes de la fundación del mundo.

Es único (He. 8:9)

Dios mismo declaró que el nuevo pacto no es "como el pacto que [hizo] con sus padres el día que los [tomó] de la mano para sacarlos de la tierra de Egipto". Como hemos visto, el nuevo pacto es diferente porque reemplaza toda ceremonia y simbolismo, por eso es eficaz y auténtico. Reemplaza lo que es ritualista y externo con realidades que son espirituales e internas.

Es importante destacar que las diferencias entre los pactos son diferencias *cualitativas*, no como un contraste entre el mal y el bien, sino entre lo bueno y lo que es mejor. Francis Turretin escribió: "Moisés no es lo opuesto a Cristo, sino un subordinado".[1] Jesús dijo a los fariseos: "…si creyeseis a Moisés, me creeríais a mí, porque de mí escribió él" (Jn. 5:46). Así que el antiguo pacto no es la *antítesis* del nuevo, como algunos quieren enseñar; más bien, el nuevo es el refinamiento definitivo y el cumplimiento de todas las promesas de gracia de Dios dadas en el antiguo.

Es con Israel (He. 8:8-10)

Dios siempre ha hecho sus pactos solo con Israel, y esa es la razón por la que Jesús dijo en Juan 4:22: "la salvación viene de los judíos". Sin embargo, los acuerdos de Dios con los judíos nunca han excluido de la salvación a los gentiles (vea Éx. 12:48; Lv. 19:33-34; Gá 3:28-29). De hecho, se suponía que, mediante los pactos, Israel iba a representar a Dios ante el resto del mundo.

No es legalista (He. 8:9)

El versículo 9 dice que los judíos "no permanecieron en [su] pacto". Esto revela la imposibilidad de cumplir a la perfección los requisitos legalistas y los rituales, que fueron el sello distintivo de

---

1. Francis Turretin, *Institutes of Elenctic Theology*, 3 vols. (Phillipsburg, NJ: Presbyterian & Reformed, 1992), 2:145.

toda adoración bajo el antiguo pacto. El tipo de ritualismo legalista que hace sacrificios y los lavados ceremoniales esenciales no tiene parte en el nuevo pacto, porque el nuevo pacto de redención de Jesús es un acto hecho una sola vez, que nos mantiene limpios de pecado (He. 7:25; 9:24-26).

Es interno (He. 8:10)

El nuevo pacto no se basa en objetos externos, tales como tablas de piedra o pergaminos. En cambio, se caracteriza por una actitud del corazón generada por el Espíritu, que el profeta Ezequiel predijo cuando escribió: "Y pondré dentro de vosotros mi Espíritu" (Ez. 36:27; vea también Jer. 32:40). Además, bajo el nuevo pacto, la ley moral eterna de Dios se escribiría en el corazón mismo de los fieles (Jer. 31:33). (Más adelante en este capítulo, tendremos más que decir sobre el tema de la ley moral).

Es personal (He. 8:11)

Si el nuevo pacto es interno, se desprende lógicamente que es personal. Con esto quiero decir que tiene una aplicación personal, individual, obrada por el Espíritu Santo. Ese ministerio personal del Espíritu es una de las ventajas gloriosas que los creyentes tienen bajo el nuevo pacto, como Jesús prometió en Juan 14:16: "Y yo rogaré al Padre, y os dará otro Consolador, para que esté con vosotros para siempre".

Provee perdón completo (He. 8:12)

Como ya hemos indicado, el perdón total y definitivo de los pecados es la piedra angular del nuevo pacto. Bajo el antiguo pacto, el sistema de sacrificios podía proporcionar una cobertura simbólica por los pecados, pero la base para el verdadero perdón en Cristo solo estaba anticipada en un misterio (Is. 53:10-12). Pero con el nuevo pacto ahora presente, podemos disfrutar en la plena luz de la revelación de la gloria de Cristo, el perdón total que Él aporta (Col. 2:13-14).

Isaac Watts, el gran escritor de himnos y predicador inglés del siglo XVIII, sabía bien que el nuevo pacto es un pacto mejor. Las dos primeras estrofas de uno de sus himnos menos conocidos dan testimonio de esto:

Ni toda la sangre de los animales sacrificados en los altares judíos podía dar tranquilidad de conciencia al culpable, o lavar la mancha.

Pero Cristo, el Cordero celestial quita todos nuestros pecados, un sacrificio de nombre más noble y sangre más rica que ellos.

¿Qué acerca de la ley moral?

Un elemento fundamental muy importante del antiguo pacto que todavía se discute hoy es el lugar de la ley y, especialmente, de los Diez Mandamientos. En la mente de la mayoría de los cristianos, estos mandamientos están a menudo asociados con el antiguo pacto. Algunos incluso van tan lejos como para sugerir que bajo el nuevo pacto, la ley moral y los Diez Mandamientos ya no son aplicables. Ellos a menudo citan las palabras de Pablo en Romanos 6:14 como apoyo para su posición: "...pues no estáis bajo la ley, sino bajo la gracia".

Según el contexto, Pablo estaba negando que la ley fuera un medio de justificación (Ro. 3:20). A menudo, él utilizaba la expresión "bajo la ley" para describir a aquellos que buscaban la justificación por medio de la ley (cp. Gá. 4:21 con 5:4). Así que cuando dijo que no estamos "bajo la ley" en Romanos 6, estaba subrayando la misma enseñanza que hizo en varias ocasiones, de principio a fin, en Romanos: los verdaderos creyentes no están tratando de ganarse la justificación por la obediencia a la ley. *Esa* es la clase de esclavitud a la ley de la que estamos libres. Somos libres de la condenación de la ley y estamos libres de la obligación de ganar nuestra propia justificación. No obstante, *no* estamos libres de las obligaciones morales de la ley. "¿Qué, pues? ¿Pecaremos porque no estamos bajo la ley, sino bajo la gracia? En ninguna manera" (Ro. 6:15). Las prohibiciones contra la mentira, el robo, el falso testimonio, desobedecer a nuestros padres y así sucesivamente —los requisitos morales de la ley— no han sido abrogados.

¿Por qué, entonces, las ceremonias y los sacrificios exigidos por la ley ya no están en vigor, pero los requisitos morales de la ley sí? Para responder a esta pregunta, es importante saber algo acerca de los diversos aspectos de la ley. La ley moral es uno de los tres componentes de la ley, los otros son los aspectos civiles y los ceremoniales.

La ley civil y ceremonial

El aspecto civil de la ley fue dado por Dios a Israel para establecer a ese pueblo como una nación única y separada del resto. Tenía que dar a los israelitas instrucciones especiales para que pudieran ordenar la vida social y económica de su nación. Esas instrucciones y ordenanzas no solo proporcionaban el orden de la cultura israelita, sino que también establecían límites que tenían la intención de aislar al pueblo de Dios de las culturas paganas que los rodeaban (vea Éx. 21—23 y Dt. 12—28).

El elemento ceremonial de la ley fue dado por Dios a los israelitas para gobernar la adoración apropiada. Las leyes ceremoniales eran esos mandamientos que describían todos los tipos y símbolos asociados con el sacerdocio levítico. Como hemos visto, esas ceremonias solo ilustraban realidades más grandes en el plan redentor de Dios. Por ejemplo, los sacrificios de animales y las diversas abluciones eran solo un símbolo de la obra expiatoria de Cristo y la obra santificadora del Espíritu Santo. Mediante la secuencia de las ceremonias, se les recordaba a los fieles la santidad de Dios, su propio pecado y su necesidad de salvación (vea Éx. 25—29; 35—40, y el libro de Levítico). Por lo tanto, los aspectos ceremoniales de la ley solo ilustraban el propósito redentor de Dios para su pueblo. Ellos nunca fueron realmente eficaces (He. 10:4) y nunca estuvieron destinados a ser algo más que leyes temporales.

Los aspectos civiles y ceremoniales de la ley del antiguo pacto sirvieron, por tanto, a su propósito y han quedado apartados. Podríamos comparar lo que ha sucedido a las leyes civiles y ceremoniales con lo que ocurrió durante la escasez de combustible en la década de 1970. Algunos de nosotros recordamos que en ciertas partes de Estados Unidos la gasolina escaseaba tanto que se impusieron sistemas de racionamiento. Fue usado comúnmente el método de números y días pares o impares. A los conductores con placas de número par se les permitía llenar el depósito de sus autos en los días pares, y a las personas con las matrículas impares se les permitía ir a la estación de servicio en los días impares. Felizmente, como hubo más gasolina disponible en unos pocos meses, no fue necesario el racionamiento a largo plazo. Por cierto, hoy nadie quiere volver a ningún tipo de racionamiento cuando el combustible es ahora abundante, en comparación. Tampoco deben los cristianos volver a los componentes civiles y ceremoniales innecesarios de la ley de Dios.

El apóstol Pablo explicó con claridad la abolición de las leyes civiles y ceremoniales bajo el nuevo pacto. Primero, en relación con las leyes civiles, dijo:

> Por tanto, acordaos de que en otro tiempo vosotros, los gentiles en cuanto a la carne, erais llamados incircuncisión por la llamada circuncisión hecha con mano en la carne. En aquel tiempo estabais sin Cristo, alejados de la ciudadanía de Israel y ajenos a los pactos de la

promesa, sin esperanza y sin Dios en el mundo. Pero ahora en Cristo Jesús, vosotros que en otro tiempo estabais lejos, habéis sido hechos cercanos por la sangre de Cristo. Porque él es nuestra paz, que de ambos pueblos hizo uno, derribando la pared intermedia de separación, aboliendo en su carne las enemistades, la ley de los mandamientos expresados en ordenanzas, para crear en sí mismo de los dos un solo y nuevo hombre, haciendo la paz, y mediante la cruz reconciliar con Dios a ambos en un solo cuerpo, matando en ella las enemistades (Ef. 2:11-16).

Pablo dijo más acerca de la posición de los gentiles dentro del cuerpo de Cristo y al hacerlo, declaró sin efecto la ley ceremonial:

> Y a vosotros, estando muertos en pecados y en la incircuncisión de vuestra carne, os dio vida juntamente con él, perdonándoos todos los pecados, anulando el acta de los decretos que había contra nosotros, que nos era contraria, quitándola de en medio y clavándola en la cruz... Por tanto, nadie os juzgue en comida o en bebida, o en cuanto a días de fiesta, luna nueva o días de reposo, todo lo cual es sombra de lo que ha de venir; pero el cuerpo es de Cristo. Nadie os prive de vuestro premio, afectando humildad y culto a los ángeles, entremetiéndose en lo que no ha visto, vanamente hinchado por su propia mente carnal, y no asiéndose de la Cabeza, en virtud de quien todo el cuerpo, nutriéndose y uniéndose por las coyunturas y ligamentos, crece con el crecimiento que da Dios (Col. 2:13-14, 16-19).

La ley moral

Por último, está la ley moral. Esta se resume bien en los Diez Mandamientos, que a su vez quedan resumidos en los dos grandes mandamientos:

> Jesús le dijo: Amarás al Señor tu Dios con todo tu corazón, y con toda tu alma, y con toda tu mente [Dt. 6:5]. Este es el primero y grande mandamiento. Y el segundo es semejante: Amarás a tu prójimo como a ti mismo [Lv. 19:18]. De estos dos mandamientos depende toda la ley y los profetas (Mt. 22:37-40).

La ley *moral* tiene que ver con la ética, la moral, la actitud virtuosa del corazón de una persona y el comportamiento hacia otras personas y hacia Dios. La ley moral es eterna. Refleja la naturaleza misma de Dios, era obligatoria incluso antes de que fuera inscrita en piedra en el Monte Sinaí y permanece vigente bajo el nuevo pacto. Es evidente que la ley moral estaba vigente antes del Sinaí, incluso para los habitantes anteriores de la tierra prometida. De hecho, la razón por la que Dios los expulsó y dio la tierra a Israel fue que ellos habían violado su ley moral (Lv. 18:24-28). Por tanto, la ley moral es el eje de los mandamientos de Dios a Moisés y nunca será abrogada. Debemos tener en cuenta su finalidad guiada por el Espíritu.

La ley moral fue dada por tres razones básicas. Primero, fue revelada para mostrarnos la esencia de Dios. Por la ley moral, la representación suprema de quién es Él, y su santidad, es más clara. Moisés y los hijos de Israel conocían esta verdad aun antes de que la ley fuera dada oficialmente en Éxodo 20: "¿Quién como tú, oh Jehová, entre los dioses? ¿Quién como tú, magnífico en santidad, terrible en maravillosas hazañas, hacedor de prodigios?" (Éx. 15:11).

Segundo, la ley moral revela la voluntad de Dios para el comportamiento humano, que es a lo que se refieren los Diez Mandamientos. Nos enseñan cómo debemos comportarnos hacia Dios (Éx. 20:3-11) y luego nos dicen cómo debemos comportarnos moral y éticamente hacia los demás (vv. 12-17). Por último, la ley moral nos muestra que somos pecadores. A medida que nos damos cuenta de la santidad de Dios y conocemos sus normas, la conclusión lógica es que vemos cuán lejos caemos del nivel de Dios (vea Gá. 3:19-22). Eso nos impulsa al arrepentimiento y a esperar el perdón de la misericordia del Padre. Las conversiones del Antiguo Testamento se producían cuando el penitente se golpeaba su pecho —podríamos suponer— con un sentimiento de culpa por su pecado y con frustración por la incapacidad de hacer algo al respecto. Rogaba por la gracia de Dios, que era su única esperanza.

Entonces, ¿cuál es la respuesta bíblica correcta a nuestra pregunta anterior sobre el lugar de la ley moral en la vida del creyente del nuevo pacto? D. Martyn Lloyd-Jones respondió la pregunta y proporciona un resumen excelente para nuestra breve consideración de la ley moral:

> La posición con respecto a esto [la ley moral] es diferente, porque aquí Dios establece algo que es permanente y perpetuo, la relación que siempre debe subsistir entre Él y el hombre. Todo eso se encuentra, por supuesto, en lo que el Señor llama el primer y más grande mandamiento. "Amarás al Señor tu Dios con todo tu corazón, y con toda tu alma, y con toda tu mente". Eso es permanente. Y no es solo para la nación teocrática, sino para toda la humanidad. Luego Él agrega el segundo mandamiento: "Amarás a tu prójimo como a ti mismo". Una vez más, esto no fue solo para la nación teocrática de Israel; no se trataba solo de

la antigua ley ceremonial. Era una condición permanente y parte de nuestra perpetua relación con Dios. Así, la ley moral, según la interpretación del Nuevo Testamento, permanece hoy tanto como lo ha hecho siempre, y lo hará hasta el final de los tiempos y hasta que nosotros seamos perfeccionados. En 1 Juan 3, el apóstol es muy cuidadoso en recordar a sus lectores que el pecado de los cristianos sigue siendo "una infracción de la ley". Todavía vemos nuestra relación con la ley, y como dice Juan en efecto, "el pecado es infracción de la ley". La ley todavía tiene vigencia, y cuando peco estoy quebrantándola, aunque yo soy cristiano y nunca he sido un judío, soy un gentil. Por lo tanto, la ley moral todavía se aplica a nosotros.[2]

Jesús hizo un nuevo comentario de la ley moral (Mt. 5—7) y un nuevo resumen (por ejemplo, Mr. 12:28-34), pero Él no la abolió ni dijo eso porque fuera el mediador de un mejor pacto y la ley moral ya no importara (vea especialmente Mt. 5:17-18). En nuestro afán por ver la gloria del nuevo pacto y la plenitud del Espíritu Santo en ella, hay que tener cuidado de no descartar las normas inmutables de Dios para la conducta correcta.

Los pactos contrastados

Con la inclusión de la ley moral, el nuevo pacto quedó reforzado como el mejor pacto. En ese papel de contraste con el antiguo pacto, el nuevo abrió el camino para una manifestación más completa del Espíritu Santo. Ese contraste espiritual entre los dos pactos ya se

---

2. D. Martyn Lloyd-Jones, *Studies in the Sermon on the Mount*, 2 vols. [*Estudios sobre el sermón del monte*] (Grand Rapids, MI: Eerdmans, 1959), 1:195. Publicado en español por El Estandarte de la Verdad.

había previsto en el viejo: "Pero este es el pacto que haré con la casa de Israel después de aquellos días, dice Jehová: Daré mi ley en su mente, y la escribiré en su corazón; y yo seré a ellos por Dios, y ellos me serán por pueblo" (Jer. 31:33). Joel 2:28-32 también deja ver con claridad que la era del nuevo pacto sería una época de mayor actividad del Espíritu Santo (esta idea fue verificada por el apóstol Pedro en Hechos 2:16-21).

En 2 Corintios 3, el apóstol Pablo se refirió a la calidad de la plenitud del Espíritu en el nuevo pacto cuando él describió a los creyentes que conocía en Corinto: "Nuestras cartas sois vosotros, escritas en nuestros corazones, conocidas y leídas por todos los hombres; siendo manifiesto que sois carta de Cristo expedida por nosotros, escrita no con tinta, sino con el Espíritu del Dios vivo; no en tablas de piedra, sino en tablas de carne del corazón" (2 Co. 3:2-3). Tal aplicación del nuevo pacto en la vida de los creyentes estaba estrechamente relacionada con la obra del Espíritu. Este mensaje, escrito en los corazones humanos, contenía las leyes del nuevo pacto que en realidad no eran leyes externas, sino virtudes que florecían bajo la influencia de gracia del Espíritu.

Más adelante en 2 Corintios 3, como para subrayar el contraste entre los pactos, Pablo demostró la gloria superior del nuevo pacto. El apóstol vuelve al relato en Éxodo 34 cuando Moisés bajaba del monte Sinaí después de recibir unas nuevas tablas de la ley Dios. Las tablas de piedra contenían los Diez Mandamientos y reemplazaban las tablas destruidas por un Moisés enojado por el incidente del becerro de oro. Mientras estaba en la montaña, Moisés tuvo comunión con Dios y vislumbró algo de su gloria.

Durante el tiempo del ministerio de Moisés, Dios manifestó su presencia espiritual mediante la reducción de todos sus atributos a una luz visible. Dios apareció varias veces en el libro de Éxodo como la gloria *shekinah*, sobre todo como la nube de día y la columna de fuego de noche que dirigió al pueblo de Israel en el desierto. La *shekinah* también llenó el tabernáculo cuando este fue terminado (Éx. 40:34-38).

Después de haber estado en la presencia de Dios, el rostro de Moisés resplandecía cuando bajó del monte, casi como una bombilla incandescente. Su rostro era tan brillante que Aarón y el pueblo estaban asustados y no podían soportar mirarlo directamente a los ojos. Moisés resolvió esa dificultad mediante un velo que él ponía sobre su rostro cada vez que no estaba reunido con Dios o comunicaba las palabras de Dios directamente al pueblo.

Pablo explicó su razonamiento a partir de 2 Corintios 3:7. La ley del antiguo pacto vino con gloria, pero fue una gloria limitada, que se reflejaba en el rostro de Moisés y era evidente para todo el que lo veía. Debido a que la ley era de Dios, también reflejaba su carácter y voluntad. (El apóstol quería estar seguro de que sus lectores supieran que él no estaba en contra de la ley, como los que lo criticaban decían que estaba). Sin embargo, como veremos en el siguiente capítulo, la gloria de la ley, como el resplandor del rostro de Moisés, era una gloria que se desvanecía.

En 2 Corintios 3:9, Pablo resumió su afirmación acerca de la gloria de la ley: "Porque si el ministerio de condenación fue con gloria, mucho más abundará en gloria el ministerio de justificación". Este versículo nos recuerda nuevamente la función y las capacidades limitadas de la ley. Solo podía mostrar a los pecadores su condición y guiarlos hacia la necesidad de salvación, porque la ley por sí misma no podía salvar (vea Gá. 3:23-25).

Sin embargo, la ley tenía una gloria propia. Es santa, justa y buena (Ro. 7:12). Pero la gloria de la gracia divina que se reveló en el nuevo pacto es muy superior.

La conclusión de Pablo en cuanto al contraste entre los pactos es obvia: "Porque si lo que perece tuvo gloria, mucho más glorioso será lo que permanece" (2 Co. 3:11). Si el antiguo pacto ("el ministerio de condenación"), con lo temporal que fue, tuvo tanta gloria, el nuevo pacto ("el ministerio de justificación") tiene, sin duda, mucha más gloria. El Espíritu Santo le mostró con claridad a Pablo que el nuevo pacto es, por cierto, el mejor pacto. Y el Espíritu Santo nos anima claramente a regocijarnos también en esa realidad.

Nuestro Pastor silencioso, el Espíritu Santo, quiere guiarnos a la gloria completa y superior del nuevo pacto, ya que en realidad el nuevo pacto es "el ministerio del espíritu" (2 Co. 3:8).

4

EL ESPÍRITU DE TRANSFORMACIÓN Y ESPERANZA

Durante mis años de viajar y ministrar, he recibido y coleccionado algunos objetos fascinantes. Uno de mis recuerdos favoritos es un pequeño dibujo hecho a lápiz. Cada vez que veo este pequeño cuadro, mi corazón se conmueve y siento que mis ojos se humedecen. El dibujo presenta tres figuras. Una de ellas es Moisés, que con un aspecto fiero sostiene las tablas de piedra sobre su cabeza. Él está a punto de descargarlas sobre la cabeza de una segunda figura, que representa a un individuo frágil y desaliñado con una expresión de desesperación. La tercera figura es Jesucristo, que está abrazando al alma frágil: con sus brazos rodea el pecho del hombre y con sus hombros protege su cabeza.

Más allá de la interpretación básica del dibujo, que Cristo puede proteger al individuo desamparado de ser golpeado por las tablas de la ley, cada vez que miro ese pequeño cuadro, me maravillo de la profunda verdad doctrinal que representa. El artista demostró magistralmente la diferencia entre la ley y el evangelio de la gracia. La ley, representada por Moisés y las tablas, nos coloca en una situación desesperante y trata de aplastarnos. Nos amenaza, pero no puede salvarnos. El evangelio, representado por Cristo, nos da nueva vida y nos protege de todos los golpes de condena de la ley. La ley no puede salvarnos; simplemente nos muestra nuestra condición pecaminosa y desamparada. El evangelio proporciona una salvación segura para todos los que confían en Cristo.

Como escribió el apóstol Juan: "...la ley por medio de Moisés fue dada, pero la gracia y la verdad vinieron por medio de Jesucristo" (Jn. 1:17). El antiguo pacto entregó la ley en toda su plenitud y gloria. La ley en sí no es mala; su función es la de revelar la pecaminosidad del pecado y la justicia absoluta de Dios (Ro. 7:7). Pero la ley condena a aquellos que la violan y no tiene piedad (vea He. 10:28; Stg. 2:10).

El nuevo pacto hace por gracia lo que el pacto mosaico hizo por la ley. Revela la gracia en toda su plenitud y gloria. Da a conocer la gloriosa verdad del evangelio y el camino de la redención por medio de Cristo, algo que el antiguo pacto reveló solo en modelos y figuras.

Como vimos en el capítulo 3, el nuevo pacto tiene mejor fundamento y mejores promesas. Posee una gloria brillante y duradera que no se desvanecerá como la gloria del antiguo pacto (vea Éx. 34:29-35; 2 Co. 3:7-11). Pero hay otras cualidades que hacen que el nuevo pacto sea superior. El conocimiento y la comprensión de esas distinciones nos darán mucha más motivación para obedecer al Espíritu Santo a fin de vivir una vida cristiana abundante.

Un pacto de vida

El nuevo pacto es superior, en primer lugar porque su atención se centra en la gracia y la verdad, el perdón y la vida. El apóstol Pablo dijo a los corintios: "El cual [Dios] asimismo nos hizo ministros competentes de un nuevo pacto, no de la letra, sino del espíritu; porque la letra mata, mas el espíritu vivifica" (2 Co. 3:6). Así él vincula singularmente al Espíritu Santo con el nuevo pacto.

En qué sentido mata la letra

Pablo usó el término *letra* como algo más que un simple sinónimo de la ley. En vez de eso, lo usó para referirse a una distorsión de la verdadera intención de la ley, que era llevar a la persona a reconocer su pecado, desesperanza e impotencia ante un Dios santo, y a arrepentirse y buscar misericordia. "La letra" en la terminología de Pablo se refiere a los requisitos externos de la ley, de los que se piensa, erróneamente, que son un medio de justificación. La ley condenaba a los pecadores y, por tanto, debería haberlos llevado a la desesperación por conseguir el favor de Dios por medio de cualquier sistema de obras. Una vez que el pecador se daba cuenta de su falta de esperanza, tenía un solo camino dado por Dios, por medio del profeta Isaías: "Buscad a Jehová mientras puede ser hallado, llamadle en tanto que está cercano. Deje el impío su camino, y el hombre inicuo sus pensamientos, y vuélvase a Jehová, el cual tendrá de él misericordia, y al Dios nuestro, el cual será amplio en perdonar" (Is. 55:6-7). Esa fue una clara promesa de salvación y perdón por gracia.

Sin embargo, en vez de seguir este camino, la mayoría de los judíos siguió procurando establecer su propia justicia por medio de tratar de obedecer la letra de la ley. "Porque ignorando la justicia de Dios, y procurando establecer la suya propia, no se han sujetado a la justicia de Dios" (Ro. 10:3). De ellos hablaba Pablo cuando dijo: "...los que por la ley os justificáis" (Gá. 5:4). "La letra", en el uso paulino, es una expresión que describe esta forma de legalismo, en el que la ley es vista como un instrumento de justificación.

El apóstol Pablo, en sus años como un fariseo, aprendió de

primera mano, mediante una amarga experiencia propia, que la letra solo podía matar.

Muerte en vida

La letra creó una muerte en vida para Pablo: "Y yo sin la ley vivía en un tiempo; pero venido el mandamiento, el pecado revivió y yo morí. Y hallé que el mismo mandamiento que era para vida, a mí me resultó para muerte; porque el pecado, tomando ocasión por el mandamiento, me engañó, y por él me mató" (Ro. 7:9-11). Pablo pensó que él era justo, hasta que realmente se enfrentó a la ley de Dios. Luego eso mató toda confianza, gozo o paz mental que pudo haber tenido y lo sustituyó con frustración, culpa, tristeza y desesperación. Eso fue, en efecto, una muerte en vida para Pablo.

Muerte espiritual

La letra produjo también para Pablo la muerte espiritual. Él expresó esta verdad muy claramente en Gálatas 3:10: "Porque todos los que dependen de las obras de la ley están bajo maldición, pues escrito está: Maldito todo aquel que no permaneciere en todas las cosas escritas en el libro de la ley, para hacerlas". La maldición a la que se refirió implica mucho más que la muerte en vida de Romanos 7 y, sin duda, connota mucho más que un concepto supersticioso de la mala suerte. Pablo estaba hablando de la condenación, de estar perdido espiritualmente o de estar separado de Dios para siempre.

La única manera de escapar de esa maldición es dejar que la ley haga el trabajo que le corresponde en nuestros corazones, como el recaudador de impuestos experimentó en la parábola de Jesús: "Mas el publicano [a diferencia del fariseo], estando lejos, no quería ni aun alzar los ojos al cielo, sino que se golpeaba el pecho, diciendo: Dios, sé propicio a mí, pecador" (Lc. 18:13). La ley puede señalar nuestra condición pecaminosa, y por medio del arrepentimiento y de la fe, nosotros podemos pasar del reconocimiento de nuestro pecado al pacto de vida.

Ceremonialismo

Pablo también sabía que la letra mataba de una manera más devastadora por medio del ceremonialismo. El ceremonialismo puede tener resultados espirituales muy dañinos, porque es sutilmente engañoso. A menudo, se convierte en un fin en sí mismo convenciendo a la gente de que todo lo que necesitan es la fidelidad a los elementos de la ceremonia, pues ser consistentes en la ejecución de los rituales es lo que los pondrá en buena relación con Dios. Pablo dijo que ese engaño es lo que les pasó a los judíos: "Mas Israel, que iba tras una ley de justicia, no la alcanzó. ¿Por qué? Porque iban tras ella no por fe, sino como por obras de la ley…" (Ro. 9:31-32).

El engaño del ceremonialismo es la más mortal de las formas en que la letra de la ley puede matar. Reduce las muchas oportunidades que la ley tiene para señalar a los pecadores el camino de la salvación. El ceremonialismo da a la persona una sensación cómoda pero falsa de seguridad en un sistema ritual de adoración. La confianza en la ceremonia religiosa tiende a poner los símbolos, las liturgias y los formatos entre el corazón de la persona y el mensaje del evangelio.

Cómo da vida el Espíritu

Si el eje del antiguo pacto era la ley, el eje del nuevo pacto es Cristo y el perdón gratuito y completo que ofrece a los pecadores que acuden a Él. Esta vida eterna no viene por medios externos. El Espíritu Santo, cuya obra es interna, la concede:

> Os daré corazón nuevo, y pondré espíritu nuevo dentro de vosotros; y quitaré de vuestra carne el corazón de piedra, y os daré un corazón de carne. Y pondré

dentro de vosotros mi Espíritu, y haré que andéis en mis estatutos, y guardéis mis preceptos, y los pongáis por obra (Ez. 36:26-27).

Mientras que la ley por sí misma solo puede matar, el Espíritu da vida.

Un pacto permanente

Un acuerdo permanente es casi siempre preferible a algo temporal. Por ejemplo, una famosa cadena de tiendas es conocida por prometer la satisfacción, de por vida, de sus mercancías, especialmente su línea de herramientas, artículos de ferretería y piezas de automóvil. Cada vez que uno de esos elementos se rompe o se desgasta por el uso normal, la compañía se compromete a proporcionar al cliente uno nuevo sin costo alguno. Este tipo de garantía es ciertamente mejor que una que es a corto plazo y, tal vez, no está bien definida. En esos casos, un producto suele fallar o desgastarse justo después de que expiró el período de garantía de uno o dos años. Al propietario no le queda otra opción que comprar otro artículo o prescindir de él.

La persona normal y corriente se siente mucho más tranquila y en paz cuando sabe que ciertos acuerdos legales, financieros o políticos son a largo plazo e inamovibles. Una inversión que tiene un interés garantizado para toda la vida es a menudo un buen arreglo. Un tratado de paz permanente entre las naciones es, sin duda, preferible a la guerra cada pocos años o un alto el fuego incierto que deja las tensiones y las diferencias no resueltas durante décadas.

El nuevo pacto, con su carácter permanente, da a los creyentes en Cristo mucha más seguridad que cualquier acuerdo de unos años de vida en este mundo jamás podría. La permanencia del nuevo pacto es una segunda razón de su superioridad sobre el antiguo. El escritor de Hebreos, al hablar de Jesús como el mejor sacerdote o mediador de un nuevo pacto, dijo lo siguiente:

> Pues se da testimonio de él: Tú eres sacerdote para siempre, según el orden de Melquisedec. Queda, pues, abrogado el mandamiento anterior a causa de su debilidad e ineficacia (pues nada perfeccionó la ley), y de la introducción de una mejor esperanza, por la cual nos acercamos a Dios… Y los otros sacerdotes llegaron a ser muchos, debido a que por la muerte no podían continuar; mas éste, por cuanto permanece para siempre, tiene un sacerdocio inmutable (He. 7:17-19, 23-24).

Si Jesús es el sacerdote de un mejor pacto —un hecho que ya establecimos en el capítulo 3— y su sacerdocio es permanente, entonces debemos inferir que el nuevo pacto es también permanente. Con una lógica similar, Hebreos 7 nos muestra que los "otros sacerdotes" eran temporales e inferiores a Cristo; por lo tanto, el antiguo pacto también fue temporal e inferior al pacto nuevo y permanente.

El antiguo pacto nunca estuvo destinado a ser la última palabra sobre la difícil situación de la humanidad y cómo los pecadores podrían quedar justificados ante Dios. Como hemos visto en repetidas ocasiones, la ley no puede salvar, sino simplemente apuntar a algo más grande: el nuevo pacto en Cristo. Solo Cristo ofrece salvación. En este sentido, el nuevo pacto es la última palabra, la palabra permanente de salvación por gracia mediante la fe. Representa la revelación permanente de lo que el antiguo pacto solo insinuaba.

Podemos regocijarnos en que el nuevo pacto es permanente y nunca será reemplazado. Si hemos confiado en Cristo Jesús, estamos completos en Él, el Buen Pastor, que de una vez y para siempre ha llevado a cabo la redención de su pueblo (1 P. 3:18). También estamos completos en el Espíritu Santo, el Pastor silencioso, que nos trasforma (Jn. 3:5) y nos guía a toda verdad (16:13). Nuestra completitud en Cristo y en el Espíritu demuestra que toda la realidad espiritual que necesitaremos está en el nuevo pacto. No necesitamos mirar al futuro para alguna revelación o experiencia adicional; tampoco debemos mirar hacia atrás y seguir el modelo de adoración de ceremonias y rituales anticuados de la época del antiguo pacto (vea Gá. 3:3).

Un pacto claro

El nuevo pacto es también superior por su claridad, lo que aparece en marcado contraste con la calidad velada del antiguo. El ocultamiento era inherente a la gloria del antiguo pacto, la cual se desvanece. Pablo explicó este ocultamiento por medio de una analogía de Moisés en Éxodo 34 (2 Co. 3:13-16).

Recuerde que cuando Moisés bajó del monte Sinaí, su rostro traía el reflejo de la gloria de Dios que descendía del monte. Esa gloria del antiguo pacto, a pesar de su desvanecimiento, todavía era demasiado cegadora y mortal para que los israelitas la vieran. Por tanto, Moisés tuvo que adoptar la siguiente estrategia: "Cuando venía Moisés delante de Jehová para hablar con él, se quitaba el velo hasta que salía; y saliendo, decía a los hijos de Israel lo que le era mandado. Y al mirar los hijos de Israel el rostro de Moisés, veían que la piel de su rostro era resplandeciente; y volvía Moisés a poner el velo sobre su rostro, hasta que entraba a hablar con Dios" (Éx. 34:34-35). (El brillo del rostro de Moisés se desvanecía mientras hablaba con Dios).

El rostro velado de Moisés simbolizaba el ocultamiento del antiguo pacto y de su carácter esencialmente sombrío. Pero no hay nada velado u oculto en relación con el evangelio del nuevo pacto. Pablo sabía que eso era verdad cuando escribió: "Que por revelación me fue declarado el misterio, como antes lo he escrito brevemente, leyendo lo cual podéis entender cuál sea mi conocimiento en el misterio de

Cristo, misterio que en otras generaciones no se dio a conocer a los hijos de los hombres, como ahora es revelado a sus santos apóstoles y profetas por el Espíritu" (Ef. 3:3-5). Lo que el antiguo pacto mantuvo oculto en cuanto al evangelio y el reino de Dios, el nuevo pacto lo expresa con claridad. Esa claridad se enfoca nítidamente por medio de la lente guiada por el Espíritu en las Escrituras del Nuevo Testamento. Hay más en la oscuridad del antiguo pacto que símbolos y modelos velados y oscuros. La incredulidad de los judíos fue el factor que hizo que el antiguo pacto fuera aún menos claro: "la mente de ellos se embotó, de modo que hasta el día de hoy tienen puesto el mismo velo al leer el antiguo pacto. El velo no les ha sido quitado, porque sólo se quita en Cristo" (2 Co. 3:14 NVI; vea también He. 3:8, 15; 4:7). Esta incredulidad llevó a la mayoría de los judíos a una total falta de entendimiento de la verdadera finalidad del antiguo pacto y a la incomprensión del significado del nuevo pacto. Incluso algunos de los discípulos tuvieron dificultad para comprender el propósito del antiguo pacto y su transición al nuevo. Los discípulos que iban por el camino a Emaús el día de la resurrección de Jesús ilustran bien este punto. Ellos ni siquiera reconocieron a Jesús cuando Él se unió a ellos en el camino; tampoco fue claro el significado de su muerte:

> Entonces él [Jesús] les dijo: ¡Oh insensatos, y tardos de corazón para creer todo lo que los profetas han dicho! ¿No era necesario que el Cristo padeciera estas cosas, y que entrara en su gloria? Y comenzando desde Moisés, y siguiendo por todos los profetas, les declaraba en todas las Escrituras lo que de él decían (Lc. 24:25-27; lea 24:13-32 para un contexto completo).

En agudo contraste con los israelitas o los discípulos de Emaús, debemos estar absolutamente seguros de la claridad y superioridad del nuevo pacto, así como Pablo lo estaba: "Así que, teniendo tal esperanza, usamos de mucha franqueza; y no como Moisés, que ponía un velo sobre su rostro, para que los hijos de Israel no fijaran la vista en el fin de aquello que había de ser abolido" (2 Co. 3:12-13).

Un pacto centrado en Cristo

Más que ninguna otra cosa, la vida y el ministerio de nuestro Señor Jesucristo nos permiten ver la gloria del nuevo pacto. Su obra de redención es el eje del pacto, y define y muestra su superioridad sobre el antiguo. Cuando alguien es llevado por la fe a Jesucristo, el velo se levanta, y todo tiene sentido en relación con el nuevo pacto. Por medio de la obra de regeneración y santificación del Espíritu Santo, Dios saca la luz de las tinieblas y las sombras. El apóstol Pablo lo expresó de esta manera: "Porque Dios, que mandó que de las tinieblas resplandeciese la luz, es el que resplandeció en nuestros corazones para iluminación del conocimiento de la gloria de Dios en la faz de Jesucristo" (2 Co. 4:6).

La ventaja maravillosa del nuevo pacto es que podemos ver, con los ojos de la fe, la gloria de Dios despejada al contemplar el rostro de Jesús. Ya no tenemos que lidiar con elementos inferiores ni rituales propios del antiguo pacto para tener la salvación o una visión clara de la voluntad de Dios para nosotros. Ya no tenemos que estar perplejos por pasajes de los libros proféticos (vea Hch. 8:30-35). En cambio, ahora todas las cosas se ven claras en Cristo.

Cuando Pablo usó la expresión "la gloria de Dios", en 2 Corintios 4:6, él se refería a los atributos manifiestos de Dios, y todos ellos estaban personificados en Cristo (vea también el v. 4; Jn. 1:14). La presencia de la gloria de Dios en Cristo fue demostrada con marcada intensidad a Pedro, Santiago y Juan en la transfiguración (Lc. 9:28-36). Pedro reiteró la importancia de ese hecho años más tarde en su segunda carta:

Porque no os hemos dado a conocer el poder y la venida de nuestro Señor Jesucristo siguiendo fábulas artificiosas, sino como habiendo visto con nuestros propios ojos su majestad. Pues cuando él recibió de Dios Padre honra y gloria, le fue enviada desde la magnífica gloria una voz que decía: Este es mi Hijo amado, en el cual tengo complacencia. Y nosotros oímos esta voz enviada del cielo, cuando estábamos con él en el monte santo (2 P. 1:16-18).

El nuevo pacto centrado en Cristo hace posible que nosotros, por la gracia de Dios y el poder del Espíritu Santo, conozcamos la misma verdad gloriosa.

Un pacto de esperanza

Un pacto cristocéntrico está destinado a ser uno que trae esperanza. El nuevo pacto desvela plenamente la esperanza del creyente. Con la revelación de esa gloriosa esperanza, llegó el final de los sacrificios interminables del antiguo pacto y del ceremonial oneroso.

La esperanza es la firme y fiel convicción de que se cumplirán las promesas de Dios. Algunas de ellas ya se han cumplido, como el perdón de los pecados (Mt. 1:21; Jn. 1:29), la destrucción de las garras del pecado (Ro. 5:6-11; 6:10-11), la vida en abundancia (Jn. 10:10) y la vida eterna (Jn. 5:24). Pero algunas otras promesas del nuevo pacto aún no se han cumplido plenamente. Eso sucederá en el cielo. El apóstol Pablo sabía que esa esperanza es inherente al nuevo pacto. En Romanos 8:18-25, él miraba con anticipación al futuro, a "…la libertad de la gloria de los hijos de Dios" (v. 21). Después de comenzar este pasaje contrastando el sufrimiento presente con la gloria mucho mejor que espera a todos los creyentes, Pablo concluyó con un recordatorio de que nuestra esperanza del nuevo pacto es real:

...sino que también nosotros mismos, que tenemos las primicias del Espíritu, nosotros también gemimos dentro de nosotros mismos, esperando la adopción, la redención de nuestro cuerpo. Porque en esperanza fuimos salvos; pero la esperanza que se ve, no es esperanza; porque lo que alguno ve, ¿a qué esperarlo? Pero si esperamos lo que no vemos, con paciencia lo aguardamos (Ro. 8:23-25).

El apóstol Pedro estuvo plenamente de acuerdo con Pablo en que los creyentes del nuevo pacto tienen una gran esperanza. En el comienzo de su primera carta, Pedro aseguró a todos los cristianos: "Bendito el Dios y Padre de nuestro Señor Jesucristo, que según su grande misericordia, nos hizo renacer para una esperanza viva, por la resurrección de Jesucristo de entre los muertos" (1 P. 1:3). Como para subrayar la importancia de esta gran verdad, Pedro lo repitió dos veces más en su primer capítulo, una vez como una exhortación (v. 13) y otra como un recordatorio (v. 21).

La esperanza es un tema muy importante y alentador que reaparece en muchos lugares en el Nuevo Testamento. Durante su ministerio terrenal, Jesús ciertamente ofreció esperanza a la gente. Pablo habló de la esperanza en la mayoría de sus cartas. El libro de Hebreos, el tratado mejor y más completo del Nuevo Testamento sobre la naturaleza y superioridad del nuevo pacto, provee este excelente resumen de nuestra esperanza: "...para asirnos de la esperanza puesta delante de nosotros. La cual tenemos como segura y firme ancla del alma, y que penetra hasta dentro del velo, donde Jesús entró por nosotros como precursor" (He. 6:18-20).

Un pacto transformador

El antiguo pacto reveló lo que *deberíamos* ser, lo que Dios demanda de nosotros. El nuevo pacto revela lo que *seremos* en Cristo. El apóstol

Juan escribió: "Amados, ahora somos hijos de Dios, y aún no se ha manifestado lo que hemos de ser; pero sabemos que cuando él se manifieste, *seremos semejantes a él*, porque le veremos tal como él es" (1 Jn. 3:2). Este es el pináculo de la gloria del nuevo pacto, la razón de nuestra esperanza y la meta de la obra del Espíritu Santo en nosotros: somos conformados a la imagen de Cristo.

El Espíritu Santo desempeña el papel central en el proceso de nuestra santificación. Él nos está transformando desde adentro hacia fuera. A diferencia de Moisés, cuya gloria se desvanecía, pues era una reflexión externa, la gloria que ha de manifestarse en nosotros surge desde adentro hacia fuera y se hace más brillante con cada día que pasa. Nosotros "…somos transformados de gloria en gloria en la misma imagen, como por el Espíritu del Señor" (2 Co. 3:18).

Uno de los relatos mejor conocidos de Hans Christian Andersen, el escritor danés del siglo XIX, es la fábula de "El patito feo". Es la historia de un ave que era más grande, más torpe y menos atractiva que los otros patos. Se burlaban de su torpeza y extraña apariencia. Hundido y abandonado, el patito feo se refugió en una casa donde la gente tenía un gato y una gallina como mascotas. Pero esos animales también lo rechazaron porque él no podía ronronear o poner huevos.

"Ustedes no me entienden", se quejaba el patito feo, pero los otros animales se burlaban aún más de él.

Un día, mientras el patito feo estaba nadando en la laguna, haciendo todo lo posible para ser como los otros patos, vio unos cisnes hermosos y gráciles. Inmediatamente, pensó que los cisnes eran las aves más bellas que nunca antes había visto. A medida que el patito feo observaba los movimientos elegantes de los cisnes, una extraña sensación se apoderó de él. No podía apartar los ojos de los cisnes y tampoco podía quitarse de encima el nuevo sentido del destino que, por alguna razón, se apoderó de él. Pronto los cisnes echaron a volar. A medida que el patito feo estiraba el cuello y trataba de seguir la trayectoria de vuelo de los cisnes, él sentía más amor por ellos que por todo lo que antes había amado.

Durante los fríos meses de invierno, el patito feo pensó en las hermosas aves que había visto en el estanque. No tenía ni idea de cómo se llamaban o de dónde venían, pero tenía la firme esperanza de volver a verlas. La primavera por fin llegó, y se derritió el hielo que cubría el estanque. El patito feo pudo echarse a nadar de nuevo y, un día de principios de primavera, vio a dos de los más hermosos cisnes en el estanque. Ellos nadaron directamente hacia él, y el temor se apoderó de su corazón. Estaba avergonzado de que esas criaturas tan elegantes vieran a un ave tan poco atractiva y torpe como él.

A medida que los cisnes se acercaban a él, el patito feo inclinó la cabeza con humildad y se cubrió la cara con las alas. Justo en ese momento, quedó sorprendido al ver, por primera vez, su propio reflejo en el agua. Para su sorpresa, él era exactamente como aquellas hermosas aves. Ya no era un patito feo. De hecho, él no era un pato en absoluto, era un cisne. Cuando se quitó las alas de la cara y levantó la cabeza, su cuello quedó ligeramente inclinado en señal de gratitud y humildad.

Esta fábula ilustra la superioridad del nuevo pacto, que es transformador. Cuando somos nuevos cristianos y miramos por primera vez a Cristo, nuestras experiencias son a menudo similares a la del patito feo cuando vio por primera vez a los cisnes. Tenemos un sentido abrumador de pecaminosidad e indignidad y, sin embargo, también sentimos una atracción irresistible hacia Cristo, que transforma nuestros corazones. Respondemos a nuestro ser más íntimo porque sabemos que Él representa todo aquello para lo cual fuimos creados. Nos hace a la vez humildes y nos emociona darnos cuenta de que somos transformados más y más a la imagen de Cristo, y eso es claramente un proceso del nuevo pacto que se lleva a cabo bajo la dirección del Espíritu Santo.

Con visión divina, el apóstol Pablo captó muy bien la esencia de esa operación de transformación: "Por tanto, nosotros todos, mirando a cara descubierta como en un espejo la gloria del Señor, somos transformados de gloria en gloria en la misma imagen, como por el Espíritu del Señor" (2 Co. 3:18). Este versículo siempre ha sido particularmente valioso para mí. De hecho, hace varios años escribí un librito basado en él, titulado *My Favorite Verse* [Mi versículo favorito]. Más que ningún otro versículo que yo conozco, este resalta la naturaleza gloriosa de lo que Cristo hace por los creyentes. El versículo resume muy bien el tema de nuestro capítulo: el nuevo pacto es mucho más glorioso y superior que el antiguo.

El proceso de transformación de Dios empieza una vez que somos totalmente salvos, vemos con claridad el rostro de Cristo y comprendemos que aquí está la gloria de Dios (2 Co. 4:6). Puede que no veamos la gloria del Señor a la perfección (después de todo, en el tiempo de Pablo solo se utilizaban espejos de metal pulido que no proporcionaban la clara y nítida visión reflejada que los espejos modernos nos dan), pero nosotros lo vemos mucho más claro ahora que el velo del antiguo pacto ha desaparecido. La palabra griega traducida como "somos transformados" es *metamorphoo*, de donde obtenemos nuestra palabra *metamorfosis* ("una alteración notable de la apariencia, las características o las circunstancias"). La obra transformadora del Espíritu Santo es continua y progresiva; por ella somos cambiados de un nivel de semejanza a Cristo, a otro.

En 2 Corintios 3:18 se hace referencia a la santificación progresiva para todos los creyentes del nuevo pacto. La expresión "de gloria en gloria" ofrece un maravilloso contraste con la gloria decreciente que Moisés experimentó. Por tanto, es difícil entender por qué alguien querría mirar hacia atrás, al desvanecimiento de las glorias inferiores del antiguo pacto, cuando las bendiciones del nuevo están aquí. Cristo y el Espíritu nos han liberado de la esclavitud de la letra (2 Co. 3:17; Gá. 5:1).

La santificación de los creyentes es la meta del nuevo pacto. Para aquellos que realmente miran por fe —bajo la guía del Espíritu Santo— el rostro de Cristo, no hay manera de que no alcancen esa meta: "Porque a los que antes conoció, también los predestinó para que fuesen hechos conformes a la imagen de su Hijo, para que él sea el primogénito entre muchos hermanos. Y a los que predestinó, a éstos también llamó; y a los que llamó, a éstos también justificó; y a los que justificó, a éstos también glorificó" (Ro. 8:29-30).

Conocer y apreciar las diferencias cruciales entre el antiguo y el nuevo pacto es muy importante, y es un gran paso adelante en la comprensión de todo creyente de la obra del Espíritu Santo en esta era. Pero el camino a la santificación es difícil sin un sólido conocimiento de las características específicas de la presencia y la obra del Espíritu en el nuevo pacto, y eso es lo que vamos a estudiar en el siguiente capítulo.

5

EL ESPÍRITU PROMETIDO: LA PLENITUD DE SU LLEGADA

El año 1995 marcó el quincuagésimo aniversario del fin de la Segunda Guerra Mundial. Se han escrito muchas páginas que nos recuerdan los acontecimientos que pusieron punto final a la mayor guerra de la historia. Algo que se destacó para mí en muchos de esos relatos fue cómo los estadounidenses, al final de la guerra, contemplaban el futuro con optimismo. En 1945, Estados Unidos era, sin duda alguna, el poder militar y económico más fuerte en el mundo. Los estadounidenses en ese momento estaban listos para regresar a un estilo de vida propio de tiempo de paz y reclamar su parte del sueño americano: ser propietarios de una casa y un auto, tener un trabajo bien pagado y seguro, ver que sus hijos obtuvieran una educación de calidad y buenos puestos de trabajo, y disfrutar de una jubilación tranquila y próspera. Las promesas de paz internacional y de prosperidad doméstica eran bastante realistas para la mayoría de la gente.

Sin embargo, las esperanzas de un largo período de paz en el mundo se deshicieron rápidamente por varios conflictos regionales (como la guerra árabe-israelí de 1948 y la caída de China en manos comunistas en 1949). La sensación de inquietud se vio agravada por las primeras tensiones de la Guerra Fría (p. ej., el puente aéreo de Berlín y la primera bomba atómica soviética, ambos en 1948-1949). Incluso el final de la Guerra Fría no trajo un fin a las hostilidades internacionales, como demostraron poco después la guerra del Golfo Pérsico y la guerra civil en Bosnia.

La mayoría de los estadounidenses vivieron económicamente prósperos y seguros durante las primeras décadas siguientes a la Segunda Guerra Mundial. Pero, en los últimos cuarenta años, la economía estadounidense se ha vuelto mucho más volátil. Su naturaleza básica comenzó a cambiar hace sesenta años, pasando de una base de producción industrial a una base de servicios e información. Como esa tendencia continuó, desaparecieron muchos puestos de trabajo considerados seguros y bien remunerados. Los impuestos y el costo de vida han aumentado, mientras que los ingresos, ajustados a la inflación, se han mantenido más o menos en el mismo nivel para muchos estadounidenses. Una deuda y los déficits nacionales enormes han desalentado a mucha gente joven en relación con su futuro económico.

Puede que las perspectivas nacionales e internacionales sean ahora más complicadas e inciertas de lo que eran para aquellos que recuerdan la euforia del fin de la guerra hace más de 65 años. Pero las promesas del mundo siempre han sido efímeras e impredecibles. Por el contrario, las promesas de la Biblia son fiables. Los cristianos que viven bajo el nuevo pacto pueden contar con una promesa que es totalmente segura y más reconfortante que cualquier cosa que el mundo pueda ofrecer.

La promesa de Jesús del Espíritu

La promesa de Jesús de enviar el Espíritu Santo, nuestro Pastor silencioso, es una de las más importantes de todas las registradas en las Escrituras.

Nuestro Señor lo explicó primero a sus discípulos:

> Y yo rogaré al Padre, y os dará otro Consolador, para que esté con vosotros para siempre: el Espíritu de verdad, al cual el mundo no puede recibir, porque no le ve, ni le conoce; pero vosotros le conocéis, porque mora con vosotros, y estará en vosotros. No os dejaré huérfanos; vendré a vosotros (Jn. 14:16-18).

Esta garantía de Jesús fue dada en la primera parte del discurso en el aposento alto, la noche antes de su crucifixión. Las palabras de esperanza de Cristo llegaron en un momento crucial para los discípulos, que estaban confundidos y turbados ante la perspectiva de su muerte y partida. La promesa de enviar a su Espíritu es también parte de la rica herencia del Señor a todos los creyentes de hoy.

El modelo de ministerio de Jesús dirigido por el Espíritu

Desde los primeros días del ministerio del Espíritu Santo, fue evidente que Él tendría un papel importante en lo que Jesús diría y haría. El bautismo de Jesús es un ejemplo perfecto: "Y Jesús, después que fue bautizado, subió luego del agua; y he aquí los cielos le fueron abiertos, y vio al Espíritu de Dios que descendía como paloma, y venía sobre él. Y hubo una voz de los cielos, que decía: Este es mi Hijo amado, en quien tengo complacencia" (Mt. 3:16-17).

Todo lo que Cristo hizo lo llevó a cabo mediante el poder y la fortaleza del Espíritu (vea Hch. 1:1-2). Por ejemplo, muchos milagros de Jesús y la reacción del pueblo ante ellos demostraron que su ministerio tenía una facultad sobrenatural (lea cómo los discípulos reaccionaron cuando calmó la tormenta, según Mt. 8:23-27). Por otro lado, la oposición (sobre todo la de los fariseos) no reconoció el papel del Espíritu en su ministerio. De hecho, los fariseos llegaron increíblemente a la conclusión de que Jesús hacía todo por el poder de Satanás. Su acusación blasfema impulsó a Jesús a hacer una fuerte declaración pública para defender sus acciones y declarar que el Espíritu era su verdadera fuente de poder (Mt. 12:22-37).

Nuestro Señor resumió la gravedad de la actitud impía de los fariseos y de su falsa conclusión de que Él era facultado por Satanás:

> El que no es conmigo, contra mí es; y el que conmigo no recoge, desparrama. Por tanto os digo: Todo pecado y blasfemia será perdonado a los hombres; mas la blasfemia contra el Espíritu no les será perdonada. A cualquiera que dijere alguna palabra contra el Hijo del Hombre, le será perdonado; pero al que hable contra el Espíritu Santo, no le será perdonado, ni en este siglo ni en el venidero (Mt. 12:30-32).

Cristo fue muy firme en dejar en claro que las obras poderosas que la gente veía en su ministerio eran prueba de la obra del Espíritu. Jesús no estaba tan preocupado por las críticas que recibía sobre su papel como el Hijo del hombre, sino más bien por la blasfemia contra la persona invisible —el Espíritu Santo— que facultaba su ministerio. Jesús es verdaderamente un modelo para nosotros en su respeto por la persona y la obra del Espíritu Santo.

La esencia de la promesa de Jesús

En su discurso del aposento alto, el Señor Jesús habló con seriedad sobre su promesa de enviar el Espíritu Santo. La esencia de su compromiso va mucho más allá de la enseñanza y el consejo dados solo a los discípulos, pues tiene grandes implicaciones para todos los creyentes del nuevo pacto.

El Espíritu prometido: La plenitud de su llegada

La promesa general de Jesús en relación con el Espíritu consiste en cuatro elementos sobrenaturales.

Un Consolador sobrenatural

Primero, Él prometió enviar un *Consolador sobrenatural* (Jn. 14:16). En lo inmediato, esto podría llenar el vacío que dejaría en los discípulos el fin del ministerio terrenal de Jesús y su ascenso al cielo. "Consolador" es la traducción que hace la Reina-Valera de la palabra griega *parakletos*, "uno llamado al lado para ayudar". La palabra también se traduce por "abogado defensor", lo cual sugiere significado legal o tribunal. *Abogado defensor* implica la idea de un amigo experto que nos ayuda ante el tribunal y que podría testificar a nuestro favor o ayudarnos con nuestro caso.

Cristo, por medio del apóstol Juan, tuvo sumo cuidado en utilizar el adjetivo adecuado para describir al Consolador. El Señor eligió la forma precisa de *otro* porque quería comunicar con precisión la definición completa de *Consolador*. Usó el término griego *allos*, que significa "otro que es idéntico". En otras palabras, Jesús dijo que Él no estaría físicamente con nosotros, pero que enviaría el mismo tipo de ayuda y consuelo que Él fue, excepto que ahora el Espíritu Santo reside dentro: "El Espíritu de verdad... mora con vosotros, y estará en vosotros" (Jn. 14:17).

Una vida sobrenatural

Segundo, Jesús prometió una *vida sobrenatural*. Nuestras vidas siempre son diferentes cuando tenemos el Espíritu Santo. Sabemos que eso es verdad simplemente al darnos cuenta de lo que sucede en el nuevo nacimiento (Jn. 3:3-16; 2 Co. 5:17; Ef. 2:4-5). Con la regeneración, Jesús nos aseguró que nuestra perspectiva sería diferente de la del mundo: "Todavía un poco, y el mundo no me verá; pero vosotros me veréis; porque yo vivo, vosotros también viviréis" (Jn. 14:19, vea también 1 Co. 2:12-14). Cuando estamos espiritualmente vivos, somos sensibles a la obra de Cristo en el mundo y empezamos a ver las cosas desde la perspectiva de Dios. La maravilla de la vida sobrenatural es que Jesús también nos prometió su *propio* espíritu, y no tan solo el Espíritu Santo en cierto modo aislado (Jn. 14:18, vea también Ef. 1:13; Col. 1:27).

Un Maestro sobrenatural

Jesús también nos aseguró que el Espíritu vendría como un *Maestro sobrenatural*: "Mas el Consolador, el Espíritu Santo, a quién el Padre enviará en mi nombre, él os enseñará todas las cosas, y os recordará todo lo que yo os he dicho" (Jn. 14:26). Esta función de enseñanza continua es uno de los aspectos más cruciales del ministerio del Espíritu. Nos recuerda nuestra completa dependencia de Cristo y la necesidad de su provisión y de su Espíritu para nutrir nuestra vida espiritual (Jn. 15:5).

Necesitamos que el Espíritu Santo nos dé una comprensión inicial de la verdad (Jn. 6:63; 1 Co. 2:10-15). Pero también necesitamos su ayuda continua si queremos crecer en nuestro conocimiento de esa verdad (Jn. 16:13). Incluso los discípulos, que habían pasado tres años con Jesús, no siempre entendieron todo de inmediato. Varios pasajes del Evangelio de Juan se refieren a la lenta comprensión de los discípulos de la verdad o a su incapacidad para recibir todo de una vez (Jn. 2:22; 12:16; 16:12). Como veremos en los próximos capítulos, el Espíritu Santo está disponible para nosotros a diario, para satisfacer todas nuestras necesidades.

Una paz sobrenatural

El último elemento prometido con la venida del Espíritu Santo es una *paz sobrenatural*. Esto es lo que Jesús les aseguró a los discípulos en Juan 14:27: "La paz os dejo, mi paz os doy; yo no os la doy como el mundo la da. No se turbe vuestro corazón, ni tenga miedo". Esta paz espiritual es mucho mejor que cualquier paz mental que el mundo puede ofrecer por medio de las drogas, la falsa psicología, la religión de la Nueva Era o acuerdos políticos y diplomáticos superficiales. Esta paz es también diferente de la paz con Dios que Pablo explicó en Romanos 5:1-11 (vea también Ef. 2:14-18; Stg. 2:23), que es esencial —tiene que ver con nuestra posición ante Dios—, pero no siempre afecta directamente nuestras circunstancias de vida.

Jesús prometió una paz que sí afecta nuestros hechos diarios. Devora agresiva y positivamente nuestras tribulaciones y las convierte en alegría. Nos protege de ser víctimas de los acontecimientos y nos da esa tranquilidad interior del alma de la que Pablo habló en Filipenses 4:7: "La paz de Dios, que sobrepasa todo entendimiento, guardará vuestros corazones y vuestros pensamientos en Cristo Jesús". Esta es una paz que trasciende nuestra comprensión, simplemente porque viene de Dios, no del mundo y de lo que nos sucede.

La base de esta paz extraordinaria son las tres personas de la Trinidad. En Juan 14:27, Jesús dijo: "mi paz os doy" (vea también Hch. 10:36; 2 Ts. 3:16; He. 7:2). En 1 Tesalonicenses 5:23 dice del papel del Padre: "Y el mismo Dios de paz os santifique por completo" (vea también 1 Co. 14:33; Fil. 4:9, He. 13:20). Por último, el Espíritu Santo desempeña el papel clave como un dispensador de paz: "El fruto del Espíritu es amor, gozo, paz, paciencia, benignidad, bondad, fe, mansedumbre, templanza; contra tales cosas no hay ley" (Gá. 5:22-23).

Por supuesto, la obediencia amorosa es crucial para nuestro disfrute pleno de las promesas sobrenaturales. Jesús se lo recordó a los discípulos cuando les prometió enviar otro Consolador: "El que tiene mis mandamientos y los guarda, ése es el que me ama; y el que me ama será amado por mi Padre, y yo le amaré, y me manifestaré a él" (Jn. 14:21; vea también el v. 23). Nuestro Señor llegó a revelar la clave de la obediencia en este conocido pasaje sobre la vid y los pámpanos: "Yo soy la vid, vosotros los pámpanos; el que permanece en mí, y yo en él, éste lleva mucho fruto, porque separados de mí nada podéis hacer" (Jn. 15:5; vea también 1 Jn. 5:3-7). La clave está en la intimidad con Cristo.

La necesidad de la promesa de Jesús

La promesa de Jesús del Espíritu Santo fue dada a propósito, en el ámbito más amplio del plan soberano de Dios. El apóstol Pedro dio testimonio de esto en su sermón de Pentecostés:

> …Jesús nazareno, varón aprobado por Dios entre vosotros con las maravillas, prodigios y señales que Dios hizo entre vosotros por medio de él, como vosotros mismos sabéis; a éste, entregado por el determinado consejo y anticipado conocimiento de Dios, prendisteis y matasteis por manos de inicuos, crucificándole; al cual Dios levantó, sueltos los dolores de la muerte, por cuanto era imposible que fuese retenido por ella… Así que, exaltado por la diestra de Dios, y habiendo recibido del Padre la promesa del Espíritu Santo, ha derramado esto que vosotros veis y oís (Hch. 2:22-24, 33).

Debido a que Dios en su soberanía nos ha dado el Espíritu Santo, debemos estar convencidos de nuestra necesidad de su función pastoral. Me temo, sin embargo, que el papel del Espíritu ha sido minimizado, a menudo, dentro del cristianismo evangélico en las últimas décadas, ya sea por una preocupación por las técnicas centradas en lo humano o por una reacción exagerada a excesos carismáticos. Esta tendencia a mirar solo nuestros propios recursos no es nueva. En 1879, el pastor y teólogo bautista Hezekiah Harvey, escribiendo sobre la vida interior del pastor, expresó algunas instrucciones que se aplican a todos los creyentes:

El antiguo ascetismo, al exigir para el ministerio una vida oculta de comunión con Dios, prestó su voz no solo a una de las intuiciones más profundas de la conciencia cristiana, sino también a una de las enseñanzas más claras de las Escrituras. Los hombres que se ocupan de las cosas espirituales deben a su vez ser espirituales. Nuestra época, si bien con razón rechaza un ascetismo pervertido, tiende al error opuesto. Es intensamente práctica. "¡Acción!" es su consigna. Este sentido práctico se convierte a menudo en mera estrechez y superficialidad. Pasa por alto las leyes más profundas de la vida cristiana. La fuerza espiritual viene de adentro, de la vida oculta de Dios en el alma. Depende, no de meras actividades externas, sino de las energías divinas que actúan a través de las facultades humanas, de Dios que obra a través del hombre, del Espíritu Santo que impregna y acelera todos los poderes del predicador, y habla con su voz a las almas de los oyentes. El poder secreto del alma con Dios da, por tanto, el poder público a los hombres, y las influencias más poderosas del púlpito fluyen a menudo de un manantial oculto en la soledad del armario; porque un sermón no es la mera enunciación del hombre: hay en ello un poder más que humano. Su fuerza vital proviene del Espíritu Santo. Jesús dijo: "Porque no sois vosotros los que habláis, sino el Espíritu de vuestro Padre que habla en vosotros" (Mt. 10:20). Su energía espiritual brota de algo más profundo que la lógica y la retórica.[1]

---

1. Hezekiah Harvey, *The Pastor* [*El pastor*] (Rochester, NY: Backus, 1982 reimpresión), p. 164. Publicado en español por Editorial Clie.

Al comienzo del ministerio de los discípulos con Jesús, Él ilustró su necesidad de confiar en su poder, incluso para las tareas más comunes. Esa ilustración afectó profundamente a Simón Pedro y algunos otros discípulos:

> Cuando terminó de hablar, dijo a Simón: Boga mar adentro, y echad vuestras redes para pescar. Respondiendo Simón, le dijo: Maestro, toda la noche hemos estado trabajando, y nada hemos pescado; mas en tu palabra echaré la red. Y habiéndolo hecho, encerraron gran cantidad de peces, y su red se rompía. Entonces hicieron señas a los compañeros que estaban en la otra barca, para que viniesen a ayudarles; y vinieron, y llenaron ambas barcas, de tal manera que se hundían. Viendo esto Simón Pedro, cayó de rodillas ante Jesús, diciendo: Apártate de mí, Señor, porque soy hombre pecador. Porque por la pesca que habían hecho, el temor se había apoderado de él, y de todos los que estaban con él (Lc. 5:4-9).

La necesidad de los discípulos de recursos y habilidades sobrenaturales se hizo de nuevo muy evidente en la experiencia posterior a la transfiguración de Marcos 9:14-29. Ese fue el episodio en el que Jesús, con Pedro, Santiago y Juan, bajó de la montaña y se encontró con los otros discípulos que lidiaban con una multitud. Los nueve discípulos no habían podido echar a un espíritu malo, del hijo de un hombre. Jesús tuvo que intervenir y expulsar al espíritu inmundo. Más tarde, el Señor dijo a los discípulos que no podían depender únicamente de sus propios recursos: "Cuando él entró en casa, sus discípulos le preguntaron aparte: ¿Por qué nosotros no pudimos echarle

El Espíritu prometido: La plenitud de su llegada   95

fuera? Y les dijo: Este género con nada puede salir, sino con oración y ayuno" (vv. 28-29).

Podemos ser precisos y ortodoxos sobre cada hecho doctrinal, y podemos mostrar un cierto grado de voluntad y capacidad para servir al Señor, pero hasta que no confiamos en el Espíritu Santo para su sabiduría y poder, todas nuestras actividades son ineficaces. Sin Él, somos como un auto nuevo con todas las opciones y el más brillante de los exteriores, pero sin motor. Puede parecer bueno, pero ciertamente no funcionará.

Jesús preparó a sus discípulos para esperar el derramamiento del Espíritu Santo: "Y estando juntos, les mandó que no se fueran de Jerusalén, sino que esperasen la promesa del Padre, la cual, les dijo, oísteis de mí. Porque Juan ciertamente bautizó con agua, mas vosotros seréis bautizados con el Espíritu Santo dentro de no muchos días" (Hch. 1:4-5). La promesa dada en Juan 14—16 estaba a punto de cumplirse.

El bautismo del Espíritu Santo

El gran derramamiento público del Espíritu Santo en la fiesta de Pentecostés en Hechos 2 es uno de los grandes acontecimientos de las Escrituras. Es memorable no solo porque fue tan evidente la extraordinaria demostración sobrenatural, sino también porque fue un momento decisivo en el programa de Dios. La Iglesia de Cristo nació, y los discípulos fueron totalmente equipados para comenzar la tarea de construirla.

La prueba de la venida del Espíritu

Las palabras de Lucas en Hechos 2:1-4 son muy familiares para todo estudiante de las Escrituras, pero pueden ser, y a menudo lo son, mal interpretadas y aplicadas. Este pasaje se entiende mejor si simplemente lo leemos como una presentación histórica de la prueba visible de la venida del Espíritu Santo. Tal lectura nos protegerá de insertar elementos que no son propios de ese suceso y de sacar conclusiones inválidas respecto a lo que pasó en ese día memorable.

Hechos 2:1-4 describe los sucesos de Pentecostés de una manera concisa y directa:

> Cuando llegó el día de Pentecostés, estaban todos unánimes juntos. Y de repente vino del cielo un estruendo como de un viento recio que soplaba, el cual llenó toda la casa donde estaban sentados; y se les aparecieron lenguas repartidas, como de fuego, asentándose sobre cada uno de ellos. Y fueron todos llenos del Espíritu Santo, y comenzaron a hablar en otras lenguas, según el Espíritu les daba que hablasen.

Lucas no mencionó nada acerca de requisitos que los discípulos cumplieron, ejercicios que completaron u oraciones que ofrecieron. Los hechos ocurrieron, no en respuesta a las actividades o la persuasión de la gente, sino estrictamente debido a la poderosa iniciativa de Dios.

Debido a las verdades espirituales importantes que la fiesta de Pentecostés representaba, Dios eligió dar el bautismo del Espíritu exactamente en ese día. Pentecostés era el nombre griego para la fiesta israelita de las Semanas (Éx. 34:22-23) o fiesta de la Cosecha (23:16). Tenía que ver con la ofrenda de las primicias de la cosecha del trigo y la cebada, y era la tercera en una secuencia de fiestas, después de la Pascua y de los Panes sin levadura (que también requería una ofrenda de primicias). En su sentido y significado espiritual, estas tres fiestas a menudo son vistas como paralelismos con la muerte de Cristo, su resurrección y su envío del Espíritu. El intervalo de tiempo entre cada uno de estos hechos al final de la vida terrenal de Jesús es el mismo que el tiempo entre cada fiesta del Antiguo Testamento, lo cual fortalece aún más la comparación. La venida del Espíritu para morar dentro de los apóstoles es el primer fruto de nuestra herencia futura final (2 Co. 5:5; Ef. 1:13-14).[2]

Dos fenómenos físicos acompañaron la llegada del Espíritu: el ruido de un viento fuerte que soplaba y la aparición de lenguas de fuego sobre la cabeza de los creyentes. Sabemos por experiencia que algunas señales apuntan a fenómenos naturales específicos. Todo aquel que ha crecido cerca de las costas del sureste o este de Estados Unidos o en las grandes llanuras, desde Texas hasta Minnesota, sabe que los huracanes y los tornados siempre van acompañados de vientos fuertes y ruidosos. El sonido es aterrador e inconfundible. Dios soberanamente eligió usar efectos sonoros y visuales para permitir a los reunidos en Pentecostés saber que algo especial estaba sucediendo.

El Señor Jesús ya había comparado al Espíritu Santo con el viento (Jn. 3:8; vea también Ez. 37:9-14). En Hechos 2:2, la palabra "viento" no significa simplemente una brisa suave; sino que indica una fuerte explosión. No hubo ningún movimiento real de aire, pero ese no era el propósito. El factor clave fue el sonido, y era distinto y difícil de no notar. Dios usó el ruido para atraer la atención de una gran multitud, para que presenciara lo que Él estaba haciendo.

La apariencia de fuego tuvo el mismo efecto sobre los testigos de Pentecostés que el sonido del viento. La esencia física no era tan importante como el significado espiritual del fuego. Las lenguas brillantes sobre la cabeza de los creyentes no eran de fuego real, sino indicadores sobrenaturales de que Dios había enviado su Espíritu sobre cada uno, sin excepción. Los discípulos necesitaban ver que un

---

2. Para más detalles sobre el significado y el momento del día de Pentecostés, vea el *Comentario MacArthur al Nuevo Testamento: Hechos* (Grand Rapids: Editorial Portavoz, 2014), pp. 42-44.

acontecimiento muy importante estaba en realidad sucediendo, sus sentidos espirituales no podían comprenderlo sin alguna ayuda visual suministrada de forma soberana por Dios. El uso que hizo Dios de las "lenguas... como de fuego" es análogo a lo que Él hizo cuando Jesús fue bautizado. Él envió al Espíritu Santo en forma de paloma para probar que Cristo estaba de verdad facultado y aprobado por el Padre.

El último fenómeno asombroso de Pentecostés fue que los discípulos hablaran en otras lenguas. La mayoría de los cristianos informados saben que el controvertido tema de hablar en lenguas se asocia con Hechos 2:4. He tratado este tema en profundidad en otro lugar,[3] por lo que me limitaré a comentarlo brevemente aquí. "Otras lenguas" eran otros lenguajes humanos conocidos, y los discípulos mostraron la capacidad de hablarlos para testificar de la gloria de Dios y el poder del Espíritu. Este don no es constante para los creyentes de hoy y, por tanto, no se debe esperar que sea el resultado de cualquier esfuerzo por "recibir el bautismo del Espíritu".

Ninguna de las pruebas externas de la venida del Espíritu Santo en Hechos 2 fue el resultado del ingenio o de la manipulación humana. Todo era de Dios, de principio a fin.

El efecto de la venida del Espíritu

Las pruebas milagrosas de la llegada del Espíritu Santo atrajeron rápidamente la atención de la multitud reunida en Jerusalén. La continuación del relato de Lucas en Hechos 2 describe lo que sucedió: "Moraban entonces en Jerusalén judíos, varones piadosos, de todas las naciones bajo el cielo. Y hecho este estruendo, se juntó la multitud; y estaban confusos, porque cada uno les oía hablar en su propia lengua" (vv. 5-6).

---

3. Vea mi libro *Los carismáticos* (El Paso, TX: Casa Bautista de Publicaciones, 2003) y el *Comentario MacArthur al Nuevo Testamento: Hechos* y *1 Corintios*, publicados por Editorial Portavoz.

Tenga en cuenta que entre el ruido y las lenguas, el ruido fue la prueba que llamó primero la atención de todos. El ruido que sonó como viento fuerte (v. 2) no era un sonido habitual de todos los días. Probablemente tenía algunas características familiares, pero fue el alto nivel de decibelios lo que hizo que la gente dejara lo que estaba haciendo. La mayoría de nosotros hemos experimentado ese tipo de distracción en algún momento. Puede haber sido una explosión cercana, un avión que vuela a baja altura o un accidente fuerte de automóvil en nuestro barrio. Cualquiera de estos sucesos puede llevarnos a investigar qué ha sucedido. Pero estos ejemplos solo pueden aproximarse a lo que los peregrinos judíos debieron de haber sentido en el día de Pentecostés.

Fue una experiencia alucinante para aquellos que respondieron a aquel sonido sobrenatural. Primero fue su sorpresa por el ruido inusual, luego hubo absoluto asombro y perplejidad al escuchar y entender lo que algunos extranjeros (los discípulos de Galilea) estaban diciendo (Hch. 2:7-8). Pero los discípulos no estaban hablando en las lenguas de los allí presentes con orgullo o como solo una forma de atraer la atención sobre sí mismos. En cambio, el relato de Hechos dice que la gente estaba impresionada porque oían hablar en sus lenguas las maravillas de Dios (v. 11). El Espíritu Santo usó palabras de alabanza extraídas de los Salmos y los libros de Moisés, con el fin de preparar muchos corazones para recibir el sermón de Pedro, que fue el punto culminante de la jornada (vv. 14-47).

Mucho más se podría escribir sobre los acontecimientos decisivos en Hechos 2, pero la verdad esencial para transmitir es esta: el bautismo del Espíritu es una obra soberana de Dios. Todo lo que pasó en Jerusalén en aquel Pentecostés tan importante fue orquestado por el Padre para que quedara claro que la venida del Espíritu cumple a la perfección el calendario divino. Pedro apoyó esta verdad desde el principio de su gran sermón cuando citó al profeta Joel (Hch. 2:16-17).

No importa cuán increíbles puedan parecer a nuestras mentes finitas los sucesos en torno a Pentecostés, y no importa cuánto se esfuerzan algunos por darles una explicación humana, no hay manera de escapar de la realidad de que todo el mérito le corresponde a Dios:

> Porque Dios sujetó a todos en desobediencia, para tener misericordia de todos. ¡Oh profundidad de las riquezas de la sabiduría y de la ciencia de Dios! ¡Cuán insondables son sus juicios, e inescrutables sus caminos! Porque ¿quién entendió la mente del Señor? ¿O quién fue su consejero? ¿O quién le dio a él primero, para que le fuese recompensado? Porque de él, y por él, y para él, son todas las cosas. A él sea la gloria por los siglos. Amén (Ro. 11:32-36).

La realidad de la venida del Espíritu

Así como las Escrituras nos dan una prueba confiable de que Pentecostés fue un milagro soberano, la Palabra de Dios también nos proporciona la mejor comprensión de la realidad actual del bautismo del Espíritu. En 1 Corintios 12:13, el apóstol Pablo dijo: "Porque por un solo Espíritu fuimos todos bautizados en un cuerpo, sean judíos o griegos, sean esclavos o libres; y a todos se nos dio a beber de un mismo Espíritu". Pablo estaba presentando dos conceptos unificadores (originalmente lidiaba con la falta de unidad en la iglesia de Corinto), lo que proporciona un comentario casi perfecto sobre lo que sucedió en la primera parte de Hechos: todos los creyentes han sido incorporados al cuerpo de Cristo de la misma manera, y todos los creyentes tienen el mismo Espíritu Santo.

En la frase "por un solo Espíritu", el apóstol usa la preposición *por* con una razón precisa. *Por* indica que el Espíritu Santo fue el agente de Cristo en nosotros para llevarnos a la familia de Dios. El

Espíritu no actúa de forma independiente de la obra de Cristo ni otorga una especie de bautismo místico en ciertos creyentes. Si el Espíritu actuara de manera independiente, Pablo habría utilizado *de* en vez de *por*. Las Escrituras no especifican realmente en ninguna parte que el bautismo del Espíritu sea posesión especial del Espíritu Santo. (Esto hace que sea incluso incorrecto utilizar la expresión popular "el bautismo *del* Espíritu Santo").

Una lectura cuidadosa de ciertos pasajes de los Evangelios apoyan las primeras palabras de Pablo en 1 Corintios 12:13. Juan el Bautista nos dio este testimonio en Marcos y en otro lugar: "Viene tras mí el que es más poderoso que yo, a quien no soy digno de desatar encorvado la correa de su calzado. Yo a la verdad os he bautizado con agua; pero él os bautizará con Espíritu Santo" (Mr. 1:7-8; vea también Mt. 3:11-12; Lc. 3:16; Jn. 1: 33-34). En cada una de estas referencias, está claro que Cristo es realmente el que bautiza, *por medio del* Espíritu Santo. El sermón de Pedro también verifica esta verdad en relación a Pentecostés: "A este Jesús resucitó Dios, de lo cual todos nosotros somos testigos. Así que, exaltado por la diestra de Dios, y habiendo recibido del Padre la promesa del Espíritu Santo, ha derramado esto que vosotros veis y oís" (Hch. 2:32-33).

Jesús y el Espíritu Santo trabajan juntos en el proceso de incorporarnos al cuerpo de Cristo. No es bíblico pensar en el bautismo espiritual en dos fases separadas. No somos salvos en Cristo en una etapa y luego obligados a buscar el bautismo del Espíritu en una segunda etapa. Tal es el error común de algunos que profesan ser cristianos, que les preguntan a otros cristianos: "¿Han recibido el bautismo del Espíritu Santo?".

Hacer del bautismo del Espíritu un proceso separado es, en realidad, manipular la doctrina de la salvación. Considere lo que Jesús dijo en Juan 7:37-39: "Si alguno tiene sed, venga a mí y beba. El que cree en mí, como dice la Escritura, de su interior correrán ríos de agua viva. Esto dijo del Espíritu que habían de recibir los que creyesen en él". Aquí Cristo da una clara invitación a creer y ser salvo. Y todos los que prestan atención a esta invitación recibirán al mismo tiempo el Espíritu Santo. Por tanto, de nuevo vemos que la salvación y el bautismo del Espíritu son un solo proceso: si somos cristianos, tendremos la morada prometida del Espíritu Santo.

La llegada del Espíritu Santo fue, efectivamente, una demostración muy poderosa de las acciones soberanas de Dios. También debiera ser un recordatorio constante de la fidelidad y coherencia del trabajo del trino Dios para nuestro bien y para su gloria. Aunque el derramamiento del Espíritu no sucedió como resultado de acciones o súplicas emocionales de los apóstoles —y tampoco nos sucede a nosotros de esa manera—, la presencia y dirección del Espíritu Santo da a los creyentes un mayor sentido de gozo, consuelo y seguridad que cualquier otra cosa que ellos conozcan. El apóstol Pablo oró para que los efesios se dieran cuenta cabal de sus privilegios y beneficios como aquellos incorporados por el Espíritu a la Iglesia de Cristo (Ef. 3:14-21). Por supuesto, esa oración es también una gran fuente de aliento para todo aquel que busca caminar por la senda por la que nos guía el Espíritu.

¿Cómo podemos resumir, de una manera práctica, el significado del derramamiento del Espíritu Santo? Veamos lo que escribió al respecto el reconocido escritor y teólogo J. I. Packer:

> No debemos ver la esencia de este hecho crucial [Pentecostés] en el sonido del tornado, la visión de las lenguas humanas en llamas sobre la cabeza de cada discípulo o el don del lenguaje (esos eran asuntos secundarios, lo que podríamos llamar los adornos). Debemos ver más bien su esencia en el hecho de que a las nueve de aquella mañana comenzó el ministerio del nuevo pacto del

Espíritu Santo. Esto le dio a cada discípulo una clara comprensión del lugar de Cristo Jesús en el plan de Dios, un sentido sólido de la identidad y autoridad de Jesús como persona en este mundo, y una audacia sin límites en la proclamación del poder de Jesús, sentado en su trono. Esos nuevos elementos son tan increíbles en el sermón de Pedro, cuando recordamos qué clase de hombre él había sido antes. Jesús había prometido que, cuando viniera el Espíritu, les daría poder a los discípulos para testificar (Hch. 1:5, 8), y Lucas evidentemente tuvo la intención de que lo viéramos en Pedro, cuyos fracasos había narrado con diligencia en su Evangelio, como un ejemplo del cumplimiento de esa promesa. También nos quiere llevar a entender que este "don del Espíritu Santo" del nuevo pacto —en otras palabras, el disfrute experimental de este nuevo ministerio por el cual el Espíritu glorifica a Jesús en su pueblo y por medio de él— es prometido a todos los que se arrepienten y son bautizados, desde el momento que comienza su discipulado.[4]

---

4. J. I. Packer, *Keep in Step with the Spirit* (Old Tappan, NJ: Revell, 1984), p. 89.

6

EL PASTOR SILENCIOSO QUE OBRA A NUESTRO FAVOR

Uno de los grandes himnos de la Iglesia cristiana expresa, como ningún texto de teología puede hacerlo, la forma maravillosa en que el Espíritu Santo nos lleva a una relación correcta con Dios. Las dos últimas estrofas de "¿Cómo en su sangre pudo haber?" reflejan los sentimientos del compositor del himno, Carlos Wesley, no mucho tiempo después de su conversión en la primavera de 1738:

Mi alma, atada en la prisión, anhela redención y paz.
De pronto vierte sobre mí la luz radiante de su faz.
Cayeron mis cadenas, vi mi libertad ¡y le seguí!

¡Jesús es mío! Vivo en él. No temo ya condenación.
Él es mi todo, vida, luz, justicia, paz y redención.
Me guarda el trono eternal, por él, corona celestial.

Este extraordinario sentido de libertad de la condenación espiritual puede y debe pertenecer a cada persona que conoce y ama a Cristo. Romanos 8:1-2 dice: "Ahora, pues, ninguna condenación hay para los que están en Cristo Jesús… Porque la ley del Espíritu de vida en Cristo Jesús me ha librado de la ley del pecado y de la muerte". Una vez más, el apóstol Pablo les recuerda a los creyentes esa línea clara de diferencia entre el evangelio del nuevo pacto y la ley del antiguo pacto. En los capítulos 3 y 4, vimos cómo nuestro Pastor silencioso, el Espíritu, delinea muchas de estas diferencias y demuestra la superioridad del nuevo pacto. Ahora vamos a examinar más específicamente lo que el Espíritu hace por nosotros para ayudarnos a disfrutar de la riqueza de la vida del nuevo pacto en Cristo.

Él nos libera del pecado y de la muerte

El momento en que nos convertimos en cristianos, quedamos liberados del poder del pecado y de la muerte. Es como si hubiéramos vivido presos con régimen de aislamiento en una cárcel de máxima seguridad, hasta que un día, de repente, nos indultan y liberan. Ahora ya no estaríamos limitados a un área pequeña, dejaríamos de tener que comer comida de prisión o utilizar ropa de prisión, ya no tendríamos restringida nuestra comunicación con el mundo exterior, estaríamos libres de todas las normas, reglamentos y privaciones que se asocian con la vida en prisión. Este es el tipo de transformación espiritual descrita por Carlos Wesley en su himno, y eso sucede solo por el poder del Espíritu por medio del evangelio que Pablo llama "el Espíritu de vida en Cristo Jesús" (Ro. 8:2).

Jesús estaba muy seguro en esta fuerza liberadora del evangelio cuando dijo en Juan 5:24: "De cierto, de cierto os digo: El que oye mi palabra, y cree al que me envió, tiene vida eterna; y no vendrá a condenación, mas ha pasado de muerte a vida" (vea también Jn. 8:32-36). El Espíritu Santo, por medio de las Escrituras, no quiere dejar ninguna duda de que a cada persona que Él ha puesto soberanamente en Cristo, Él también la ha liberado del poder del pecado y de la muerte. El apóstol Pablo escribió:

> Y si morimos con Cristo, creemos que también viviremos con él; sabiendo que Cristo, habiendo resucitado de los muertos, ya no muere; la muerte no se enseñorea más de él. Porque en cuanto murió, al pecado murió una vez por todas; mas en cuanto vive, para Dios vive. Así también vosotros consideraos muertos al pecado, pero vivos para Dios en Cristo Jesús, Señor nuestro (Ro. 6:8-11).

Al final de este pasaje, Pablo exhortó a los creyentes a tener un papel activo en la apropiación de esta libertad del pecado que es de ellos. Debemos recordarnos constantemente que estamos muertos al pecado y vivos para Dios (Col. 3:3-10). Es una reafirmación gozosa saber que el Espíritu Santo nos permite habitualmente reclamar la victoria sobre el pecado y vivir en obediencia a Dios.

Él nos capacita para cumplir la ley

Otra actividad vital que el Espíritu Santo hace por los creyentes —también en relación con la salvación— es que nos permite cumplir con la ley de Dios. Esta es una de las primeras consecuencias positivas del don de Dios del nuevo nacimiento, que está de acuerdo con la afirmación de Agustín, el antiguo teólogo de la Iglesia: "La gracia salvadora fue dada para que la ley pudiera cumplirse".

Cuando un cristiano es activo en el cumplimiento de la ley de Dios, no está demostrando alguna conformidad externa y minuciosa a un código divino de ética. La obediencia del creyente a los mandamientos de Dios es el resultado de la morada del Espíritu dentro de él. Esa morada produce, sobre todo, las actitudes apropiadas: amor, gozo, paz, paciencia, benignidad, bondad, fe, mansedumbre, templanza, que son todos aspectos del fruto del Espíritu (Gá. 5:22-23). Esas actitudes se traducen en acciones rectas que agradan a Dios.

El apóstol Pablo entendió bien el plan soberano de Dios para nosotros después de la salvación:

> Porque por gracia sois salvos por medio de la fe; y esto no de vosotros, pues es don de Dios; no por obras, para que nadie se gloríe. Porque somos hechura suya, creados en Cristo Jesús para buenas obras, las cuales Dios preparó de antemano para que anduviésemos en ellas (Ef. 2:8-10; vea también Tit. 2:14).

Estos conocidos versículos resaltan una vez más la verdad de que la salvación y el discipulado son inseparables. Si hemos sido transformados por el poder del Espíritu, ese hecho será evidente en la forma de vivir y servir al Señor (Mt. 7:20-21; Stg. 2:17-26). Nuestro estilo de vida no será perfecto, porque todavía somos pecadores, pero el Espíritu Santo está con nosotros para ayudarnos a cumplir la ley de Dios.

Él nos da nuestra identidad

Uno de los resultados para un cristiano que cumple con la ley de Dios es la adquisición de una identidad espiritual. Ese sentido de identidad es mucho más importante que el sentido de identidad físico e individual que todos damos por sentado, aunque no lo entendamos completamente. Solo el descubrimiento de la molécula de ADN en los últimos sesenta años ha demostrado más claro que nunca la identidad física única de cada individuo. Los investigadores descubrieron que el ADN lleva la información genética en todos los sistemas vivos y proporciona la explicación más fundamental de las leyes genéticas.

Más recientemente, técnicos cualificados asistieron a los científicos en aplicar el conocimiento sobre el ADN para un uso práctico. El más publicitado es la huella de ADN, una técnica que compara la información de marcador de ADN de una sola pieza con la que se encuentra en una muestra de otra. Si la información coincide, es casi seguro que las dos piezas provenían de la misma persona. Esta toma de huellas digitales ha sido reconocida como más confiable que la huella dactilar tradicional para probar la identidad de una persona o la determinación de la madre o el padre de un niño.

Los descubrimientos sobre el ADN y la identidad genética pueden haber sido una gran noticia en el mundo científico, pero esa noticia no es nada en comparación con la verdad que Dios estableció hace mucho tiempo sobre la identidad espiritual. En Juan 3:6, cuando el Señor Jesús estaba presentando el evangelio a Nicodemo, Él dijo: "Lo que es nacido de la carne, carne es; y lo que es nacido del Espíritu, espíritu es". Jesús estableció la distinción básica entre aquel que es nacido de nuevo y uno que no lo es. El apóstol Pablo dio esta misma definición esencial de un cristiano en Romanos 8:9: "Mas vosotros no vivís según la carne, sino según el Espíritu, si es que el Espíritu de Dios habita en vosotros. Y si alguno no tiene el Espíritu de Cristo, no es de él". En otras palabras, todo aquel que es un cristiano conocerá la presencia interior del Espíritu Santo en su vida.

Romanos 8:9 es también un sobrio recordatorio de que si nuestra vida no muestra pruebas del fruto del Espíritu, Él no vive en nosotros, y nosotros no somos cristianos. Si usted está luchando ahora mismo para saber si pertenece a Cristo, recuerde lo que Pablo dijo a los corintios en 2 Corintios 13:5: "Examinaos a vosotros mismos si estáis en la fe; probaos a vosotros mismos. ¿O no os conocéis a vosotros mismos, que Jesucristo está en vosotros, a menos que estéis reprobados?". Este autoexamen no tiene que ser una mirada lúgubre, mórbida, dentro de uno mismo. En cambio, puede consistir simplemente en una serie de preguntas que usted se hace a sí mismo, tales como: ¿He experimentado la obra del Espíritu Santo en mi vida dándome dirección, ánimo y seguridad? ¿He experimentado cualquier aspecto del fruto del Espíritu? ¿He conocido y demostrado amor por los demás miembros del cuerpo de Cristo? ¿Ha anhelado mi corazón estar en comunión con Dios en oración? ¿Tengo amor por la Palabra de Dios, y son sus verdades claras y convincentes para mí? Si usted puede recordar momentos en los que la respuesta a esas preguntas fue claramente sí, entonces es muy probable que sea un cristiano.

El Espíritu de Dios todavía mora en usted, incluso si todas las buenas cualidades que acabamos de mencionar no están ahora presentes en su vida. Puede que usted no sienta la presencia del Espíritu, o no sienta que sigue su guía en todo momento, pero su presencia depende de las promesas de Dios, no de nuestros sentimientos.

Él nos dirige hacia Cristo

Los creyentes deben tener una comprensión clara y correcta de lo que significa tener a Cristo en el centro de su vida. El autor de Hebreos dijo: "corramos con paciencia la carrera que tenemos por delante, puestos los ojos en Jesús, el autor y consumador de la fe, el cual por el gozo puesto delante de él sufrió la cruz, menospreciando el oprobio, y se sentó a la diestra del trono de Dios" (He. 12:1-2). Uno de los principales ministerios del Espíritu Santo es primero llevarnos a Cristo, y también es obra del Espíritu mantenernos enfocados en Cristo, y exaltar y glorificar a Cristo.

En el Evangelio de Juan, Jesús mismo declaró dos veces que el Espíritu Santo dirige nuestra atención a Cristo:

- "Pero cuando venga el Consolador, a quien yo os enviaré del Padre, el Espíritu de verdad, el cual procede del Padre, él dará testimonio acerca de mí" (Jn. 15:26).

- "Él me glorificará; porque tomará de lo mío, y os lo hará saber. Todo lo que tiene el Padre es mío; por eso dije que tomará de lo mío, y os lo hará saber" (Jn. 16:14-15).

El Espíritu Santo centra la atención en Cristo dando testimonio de Él, que es una verdad importante mencionada con frecuencia en el Evangelio de Juan. El apóstol escribió acerca de otras seis personas y cosas que dan testimonio de Cristo: Dios el Padre (5:31-37; 8:18), Cristo mismo (8:14, 18), las obras de Jesús (5:36; 10:25), las Escrituras (5:39), Juan el Bautista (1:6-8) y varios testigos humanos (4:39; 12:17; 15:27). El comentarista Leon Morris puso en perspectiva la importancia de dar testimonio o ser testigo:

> Este énfasis en el testimonio no debe ser pasado por alto. Hay un aire legal al respecto. El testimonio es algo muy serio y es necesario para fundamentar la verdad de un asunto... Esta acción de ser testigo no era un fin en sí mismo. Detrás estaba el propósito "de que todos creyesen por medio de él".[1]

En 1 Corintios 12:3, el apóstol Pablo dio aún más apoyo al ministerio del Espíritu de exaltar a Cristo: "...nadie puede llamar a Jesús Señor, sino por el Espíritu Santo". El deseo del Espíritu Santo es siempre elevar y resaltar el señorío de Cristo. El Espíritu quiere

---

1. Leon Morris, *The Gospel According to John*, New International Commentary on the New Testament [*El Evangelio según Juan*] (Grand Rapids, MI: Eerdmans, 1971), pp. 90-91. Publicado en español por Editorial Clie.

que la Iglesia vea a Cristo como Señor para que todos los que son miembros reconozcan su autoridad y se sometan a su voluntad (Fil. 2:9-13). También testifica que Jesús es el Señor para que podamos ver el modelo de belleza, pureza y justicia de Cristo y deseemos ser como Él (Mt. 11:28-30; 16:24; 1 P. 2:21).

Así como el poder y la sabiduría del Espíritu Santo son absolutamente necesarios para que podamos darnos cuenta de nuestra condición pecadora, apartarnos de esa condición y abrazar la obra acabada de la muerte y resurrección de Jesús, también necesitamos el Espíritu para comprender el señorío de Cristo y nuestro continuo deber de discipulado. Es absurdo intentar cumplir con ese deber centrándonos en nosotros mismos y en nuestras muchas actividades. Pero como creyentes del nuevo pacto, debemos recordar que hay una mejor manera. No estamos limitados como estaban Moisés y los israelitas, con sus rostros velados y el entendimiento oscurecido con respecto a la gloria de Dios. Por el contrario, el Espíritu Santo nos abre el camino para que veamos más y más de la gloria de Cristo:

> Pero cuando se conviertan al Señor, el velo se quitará. Porque el Señor es el Espíritu; y donde está el Espíritu del Señor, allí hay libertad. Por tanto, nosotros todos, mirando a cara descubierta como en un espejo la gloria del Señor, somos transformados de gloria en gloria en la misma imagen, como por el Espíritu del Señor (2 Co. 3:16-18).

Él nos guía a la voluntad de Dios

Uno de los ministerios más prácticos que el Espíritu Santo realiza para nosotros es guiarnos a la voluntad de Dios. Esto no es nuevo ni sorprende, el Señor habló muy claro de la realidad de la guía del Espíritu, junto con la promesa del nuevo pacto: "Pondré dentro de vosotros mi Espíritu, y haré que andéis en mis estatutos, y guardéis mis preceptos, y los pongáis por obra" (Ez. 36:27). Pero incluso mucho antes de la promesa del profeta Ezequiel, el Espíritu de Dios estaba activo en el Antiguo Testamento en la dirección y guía de su pueblo:

> Pero se acordó de los días antiguos, de Moisés y de su pueblo, diciendo: ¿Dónde está el que les hizo subir del mar con el pastor de su rebaño? ¿dónde el que puso en medio de él su santo espíritu, el que los guió por la diestra de Moisés con el brazo de su gloria; el que dividió las aguas delante de ellos, haciéndose así nombre perpetuo, el que los condujo por los abismos, como un caballo por el desierto, sin que tropezaran? El Espíritu de Jehová los pastoreó, como a una bestia que desciende al valle; así pastoreaste a tu pueblo, para hacerte nombre glorioso (Is. 63:11-14).

Así como Dios les mostró el camino durante la época del Antiguo Testamento, podemos estar seguros de que su Espíritu ha hecho y seguirá haciendo lo mismo en este tiempo. El libro de Hechos contiene dos ejemplos notables de cómo el Espíritu guía en la toma de decisiones clave. Primero, fue la elección que hicieron los líderes de la iglesia de Antioquía. Seleccionaron a Pablo y Bernabé para ser misioneros: "Ministrando éstos al Señor, y ayunando, dijo el Espíritu Santo: Apartadme a Bernabé y a Saulo para la obra a que los he llamado. Entonces, habiendo ayunado y orado, les impusieron las manos y los despidieron" (Hch. 13:2-3).

Luego vino la ocasión del Concilio de Jerusalén: un debate entre los líderes de la Iglesia sobre cómo los cristianos judíos y los muchos nuevos conversos gentiles debían relacionarse y qué requisitos debía poner la iglesia liderada por los judíos sobre los nuevos creyentes. Es así como los apóstoles y los ancianos de la iglesia de Jerusalén concluyeron su carta de recomendación que fue enviada a la iglesia principalmente gentil de Antioquía: "Porque ha parecido bien al Espíritu Santo, y a nosotros, no imponeros ninguna carga más que estas cosas necesarias: que os abstengáis de lo sacrificado a ídolos, de sangre, de ahogado y de fornicación; de las cuales cosas si os guardareis, bien haréis. Pasadlo bien" (Hch. 15:28-29).

La carta en Hechos 15 fue el resultado de un consenso entre los líderes guiados por el Espíritu. En sus corazones, los apóstoles y los ancianos sabían que habían tomado la decisión correcta, porque tenían la confianza de que su conclusión provenía de la mente del Espíritu. Nosotros podemos tener esa misma confianza. Romanos 8:14 dice: "Porque todos los que son guiados por el Espíritu de Dios, éstos son hijos de Dios". Si somos creyentes sensibles al Espíritu, si regularmente dedicamos tiempo a meditar la Palabra y tratamos de obedecer al Señor, Él nos guiará a su voluntad (ver Sal. 119:105).

Él nos ministra por medio de otros

En cuanto a esto, puede ser que sea fácil pensar: *Si el Espíritu Santo mora en mí, y Él es suficiente, entonces tengo todo lo que necesito.* Tal razonamiento es cierto, pero necesita una aclaración. Debido a que todavía no hemos alcanzado la santificación completa, la suficiencia del Espíritu Santo no es siempre una realidad en nuestra vida. Por tanto, una de las cosas que Dios utiliza para exhortarnos, corregirnos y animarnos es el ministerio del Espíritu por medio de otros creyentes.

Las Escrituras son muy claras en su mandato de que los creyentes deben asociarse entre sí. El autor de Hebreos escribió: "Mantengamos firme, sin fluctuar, la profesión de nuestra esperanza, porque fiel es el que prometió. Y considerémonos unos a otros para estimularnos al amor y a las buenas obras; no dejando de congregarnos, como algunos tienen por costumbre, sino exhortándonos; y tanto más, cuanto veis que aquel día se acerca" (He. 10:23-25.). Este pasaje nos recuerda que Dios quiere que los cristianos sean coherentes y fieles, que no vacilen en su profesión de fe. Una de las principales formas en que esto puede ser realizado es que los creyentes piensen seriamente en cómo pueden estimularse unos a otros al amor y a las buenas obras. Pero eso no puede suceder si no nos reunimos con regularidad. La Iglesia es el marco ordenado por Dios en el que podemos reunirnos y fomentar más eficazmente entre nosotros la vida espiritual. Varias veces en sus cartas, el apóstol Pablo usó la analogía del cuerpo humano para describir cómo las relaciones dentro de la Iglesia, el cuerpo de Cristo, están diseñadas para trabajar. Por ejemplo, en Romanos 12:4-6, él escribió: "Porque de la manera que en un cuerpo tenemos muchos miembros, pero no todos los miembros tienen la misma función, así nosotros, siendo muchos, somos un cuerpo en Cristo, y todos miembros los unos de los otros. De manera que, teniendo diferentes dones, según la gracia que nos es dada, si el de profecía, úsese conforme a la medida de la fe". Pablo presentó a continuación la lista familiar de los dones espirituales, incluidos los de servir, enseñar, exhortar y dar (vea también 1 Co. 12; Ef. 4:4, 11-12).

Los dones espirituales no son nada más que los canales de amor a través de los cuales el Espíritu Santo ministra al cuerpo de Cristo. En 1 Corintios 12:7 y 11 se resumen bien el propósito de los dones: "A cada uno se le da la manifestación del Espíritu para provecho… Pero todas las cosas las hace uno y el mismo Espíritu, repartiendo a cada uno en particular como él quiere". Estos versículos revelan una vez más que el Espíritu Santo obra soberanamente a nuestro favor en muchas formas variadas y beneficiosas, y el ministerio de los dones espirituales es todo suyo, y toda manifestación está diseñada para edificar la iglesia (Ef. 4:12).

Lo que es verdaderamente notable acerca del ministerio del Espíritu

Santo por medio de los creyentes es que ellos se convierten en extensiones de la voz del Espíritu y se convierten en embajadores de Cristo cuando ministran el evangelio a otros. Este hecho debe alentarnos a una mayor santidad, para usar nuestros dones espirituales y conocimientos para ayudar a los demás. También debería hacernos más sensibles a los estímulos de corrección del Espíritu cuando los demás se acercan con amor a nosotros y nos ministran (Gá. 6:1; Fil. 2:3-4; Col. 3:12-13).

Pablo conectó muy claramente el amor y el Espíritu Santo en Romanos 5:5, que dice en parte: "el amor de Dios ha sido derramado en nuestros corazones por el Espíritu Santo que nos fue dado" (vea también Ro. 15:30; 2 Co. 6:6; Col. 1:8). La asociación entre el amor y el Espíritu Santo es muy fuerte en 1 Corintios 13. Este capítulo, que aparece justo en el centro de la sección de Pablo sobre los dones espirituales, nos da toda la orientación que necesitamos cuando permitimos que el Espíritu nos use en alcanzar a los demás. Pablo atribuye la máxima importancia al atributo del amor en la vida del creyente cuando concluye el capítulo 13 con estas conocidas palabras: "Y ahora permanecen la fe, la esperanza y el amor, estos tres; pero el mayor de ellos es el amor" (v. 13).

Él nos da poder para el servicio

Durante el tiempo de entrega de regalos en las fiestas, las palabras más temidas que podemos leer, aparte de "requiere montaje", son "pilas (o baterías) no incluidas". Qué padres no se han sentido frustrados cuando, a última hora del día de Nochebuena, mientras envuelven los juguetes para sus hijos, inesperadamente encuentran que un juguete especial no vino con las baterías necesarias para hacerlo funcionar. Los padres agobiados se enfrentan a la perspectiva de que, o bien no tienen un juguete que va a funcionar al día siguiente, o bien tienen que aventurarse en el último minuto a salir y comprar algunas baterías.

¿No es maravilloso que todos los dones y las habilidades del

Espíritu Santo nunca sean como los juguetes de Navidad que vienen sin baterías? Cuando Él nos da el nuevo nacimiento y sella nuestra adopción como hijos de Dios, también nos proporciona todo el poder que necesitaremos para vivir la vida cristiana y usar nuestros dones espirituales eficazmente para edificar a otros creyentes.

Cuando decimos que el Espíritu tiene todo el poder que necesitaremos, eso implica una provisión de fuerzas enorme e infinita, más que cualquier fuente de sabiduría centrada en el hombre, no importa cuán intelectual sea; y mayor que cualquier fuente de energía de alta tecnología, no importa cuán avanzada sea. El apóstol Pablo entendió este principio muy bien: "Y a Aquel que es poderoso hacer todas las cosas mucho más abundantemente de lo que pedimos o entendemos, según el poder que actúa en nosotros" (Ef. 3:20). Él acababa de orar para que los cristianos de Éfeso fueran "…fortalecidos con poder en el hombre interior por su Espíritu" (v. 16) y de esa forma se dieran cuenta de la magnitud de las riquezas de la gloria de Dios en sus vidas. No había duda en la mente de Pablo de que Dios y el Espíritu Santo son capaces de hacer mucho más que la mayoría de los creyentes jamás podamos concebir. Muchos de nosotros nunca vamos más allá de la primera frase del versículo 20: "Y a Aquel que es poderoso…". Lamentablemente, tenemos la tendencia a limitar el alcance de la obra del Espíritu en nosotros y a través de nosotros.

Pablo no solo conocía intelectualmente la fuente de poder infinito del Espíritu Santo, sino también lo experimentó en su ministerio. He aquí lo que él escribió frente a los retos muy difíciles que lo llevaron hasta el límite, tanto física como espiritualmente:

> Pero tenemos este tesoro en vasos de barro, para que la excelencia del poder sea de Dios, y no de nosotros, que estamos atribulados en todo, mas no angustiados; en apuros, mas no desesperados; perseguidos,

mas no desamparados; derribados, pero no destruidos; llevando en el cuerpo siempre por todas partes la muerte de Jesús, para que también la vida de Jesús se manifieste en nuestros cuerpos. Porque nosotros que vivimos, siempre estamos entregados a muerte por causa de Jesús, para que también la vida de Jesús se manifieste en nuestra carne mortal. De manera que la muerte actúa en nosotros, y en vosotros la vida... Por tanto, no desmayamos; antes aunque este nuestro hombre exterior se va desgastando, el interior no obstante se renueva de día en día (2 Co. 4:7-12, 16)

La fuente de la fortaleza interior de Pablo para perseverar a través de tales circunstancias no podía ser otra que el Espíritu Santo. Y ese mismo Espíritu es nuestra fuente de fortaleza, sin importar cuán difícil sea la situación que enfrentamos. Podemos ser obstaculizados sin ser frustrados, desconcertados sin caer en la desesperación, perseguidos sin tener que estar solos, golpeados pero nunca derribados, muertos en nuestro cuerpo pero vivos en nuestros corazones, y enfrentados a la muerte física para llevar a la gente la vida espiritual. Incluso aunque este nuestro hombre exterior se está desgastando y desgarrando, nuestro hombre interior se renueva con nuevas fuerzas cada día por medio del Espíritu Santo.

Él intercede por nosotros ante Dios

Hay un aspecto más del ministerio del Espíritu Santo en nuestro favor. Él intercede por nosotros ante Dios. El apóstol Pablo habló de esta parte de la obra del Espíritu:

Y de igual manera el Espíritu nos ayuda en nuestra debilidad; pues qué hemos de pedir como conviene, no lo sabemos, pero el Espíritu mismo intercede por nosotros con gemidos indecibles. Mas el que escudriña los corazones sabe cuál es la intención del Espíritu, porque conforme a la voluntad de Dios intercede por los santos (Ro. 8:26-27).

Esos versículos son parte de la culminación de Pablo de una sección clave de Romanos 8. Ese pasaje describe el profundo y extendido anhelo —Pablo lo llamó "gemidos"— que toda la creación, todos los cristianos, y ahora el Espíritu Santo tienen para el día glorioso en que seremos libres de los efectos corruptores del pecado. De una manera maravillosamente consoladora, el Espíritu confirma a nuestro corazón que Él está a nuestro lado durante toda esta vida, guiándonos hacia nuestro destino celestial.

También es consolador saber que el Espíritu Santo está de nuestra parte de una manera activa, trabajando en una salvación segura para nosotros como parte del plan general y soberano de Dios. Una vez más, nos demuestra que Él está presente, así como Cristo prometió, y que Él y el Hijo están de acuerdo en interceder por los creyentes (Ro. 8:34; He. 7:25). Jesús, por ejemplo, intercedió por sus seguidores, incluso antes de ascender a la diestra de su Padre: "…Simón, Simón, he aquí Satanás os ha pedido para zarandearos como a trigo; pero yo he rogado por ti, que tu fe no falte; y tú, una vez vuelto, confirma a tus hermanos" (Lc. 22:31-32). La intercesión de Jesús estaba perfectamente de acuerdo con el plan de Dios de que, aun cuando los creyentes estén seguros de su salvación si se han convertido de corazón, todavía necesitan al Hijo y al Espíritu para trabajar constantemente por esa seguridad (Fil. 1:6; 1 Jn. 1:9). Y esa actuación preservadora no es en absoluto contradictoria con el mandato de Pablo en Filipenses 2:12: "…ocupaos en vuestra salvación con temor y temblor". El siguiente versículo proporciona el equilibrio: "porque Dios es el que en vosotros produce así el querer como el hacer..." (v. 13).

Sería para nosotros una gran pérdida, una pérdida eterna, si Dios no proveyera este ministerio de intercesión por el Espíritu. Él intercede por nosotros con gemidos divinos cuando ora al Padre para nuestra completa glorificación. El Espíritu entiende nuestro pecado y debilidad, y sabe que no sabemos cómo orar correctamente por nosotros mismos o sostener nuestra vida espiritual.

Pero ¿qué son estos suspiros o gemidos que Pablo mencionó en Romanos 8:26? Ciertamente no confirman, como dirían algunos, ningún tipo de éxtasis de "hablar en lenguas". Son más exactamente comunicaciones entre el Espíritu y el Padre, que trascienden el lenguaje humano. Los suspiros y gemidos son, en ese sentido, silencio para nosotros, no los podemos poner en palabras y, por tanto, no podemos saber exactamente lo que el Espíritu está diciendo, pero podemos saber que Él está orando por nosotros. El comentarista John Murray aporta este resumen de ideas útiles:

> Puesto que son intercesiones del Espíritu Santo, siempre cumplen con el entendimiento y la aprobación de Dios. Siempre están de acuerdo con su voluntad, como las intercesiones de Cristo a la diestra de Dios. El estímulo extendido al pueblo de Dios es que los gemidos inexpresables son el indicador del hecho de que Dios hace todo "mucho más abundantemente de lo que pedimos o entendemos" (Ef: 3:20) y que el conocimiento, la sabiduría y el amor del Santo Espíritu son la medida de la gracia de Dios, y no nuestra debilidad en entender y pedir.[2]

---

2. John Murray, *The Epistle to the Romans*, vol. 1, New International Commentary on the New Testament (Grand Rapids, MI: Eerdmans, 1959), p. 313.

Romanos 7:18-19 dice: "Y yo sé que en mí, esto es, en mi carne, no mora el bien; porque el querer el bien está en mí, pero no el hacerlo. Porque no hago el bien que quiero, sino el mal que no quiero, eso hago". Pablo describió aquí su continua lucha diaria para vencer el pecado y perseverar en la justicia. El apóstol sabía que no podía ganar la batalla por su cuenta, y Dios le reveló las grandes verdades de la vida y libertad en Cristo y el Espíritu Santo (Ro. 8). Disfrutamos solo una parte de esto al recordarnos que nosotros también dependemos totalmente del Espíritu Santo para que nos ministre y ayude en nuestro caminar cristiano. Es bastante fácil para la mayoría de nosotros recordar que el Espíritu tuvo un papel vital en llevarnos a la fe, pero muy a menudo olvidamos o ignoramos nuestra continua necesidad del Espíritu para que nos ayude a vivir esa fe todos los días. El comentarista Arthur W. Pink nos recordó este hecho cuando escribió:

> Así como el cristiano debe su nueva vida, o naturaleza, al Espíritu, así también solo por su poder, esta puede ser vigorosa y floreciente. Solo cuando Él fortalece nuestro corazón, somos librados de estar absortos en las cosas que nos rodean, y nuestros afectos terrenales son atraídos a las cosas de arriba. Él es el que crea en nosotros el deseo de Cristo, nos muestra las cosas de Cristo, nos lleva a hacer de Él el gran tema de nuestras meditaciones espirituales. Solo por la vivificación sobrenatural del Espíritu, podemos estar preparados para ese esfuerzo extraordinario de la mente a fin de ser "plenamente capaces de comprender… y de conocer el amor de Cristo que excede a todo conocimiento". Y más allá de cualquier duda, solo por la operación e influencia amorosa del Espíritu podemos

ser "llenos de toda la plenitud de Dios". Debemos buscar todos los días en Él esa vivificación, habilitación y preparación.[3]

---

3. Arthur W. Pink, *Gleanings from Paul* (Chicago: Moody, 1967), p. 168.

7

LA SENDA BÍBLICA PARA EL CAMINO ESPIRITUAL

La Biblia está llena de ejemplos de personas que sucumbieron a las tentaciones de la carne en vez de a los mandamientos de Dios y de su Espíritu. Esos fallos no fueron siempre indicativos del estilo de vida en general de la persona y de la actitud habitual de su corazón, pero ceder a la carne en situaciones cruciales siempre tuvo consecuencias negativas, que a menudo se sintieron por largo tiempo. Piense en Moisés y Aarón en el desierto de Zin, donde, en vez pedirle agua a la roca en Meriba como Dios mandó, estaban impacientes con Él, y Moisés golpeó la roca con su vara (Nm. 20:6-13). Como resultado de su desobediencia, el Señor les negó la entrada a la tierra prometida. O pensemos en lo que le sucedió al rey Saúl cuando tomó el asunto en sus propias manos, en relación con el holocausto en Gilgal (1 S. 13:8-14; vea también 15:3-31). Como Saúl desobedeció a Dios y no esperó a Samuel, el Señor le quitó el reinado.

La historia de los hermanos Jacob y Esaú, y la cuestión de la primogenitura de Esaú es otro ejemplo notable de lo que puede suceder cuando los creyentes y los que profesan ser creyentes siguen sus instintos carnales en vez de los principios de Dios. El episodio comenzó en Génesis 25:

> Y amó Isaac a Esaú, porque comía de su caza; mas Rebeca amaba a Jacob. Y guisó Jacob un potaje; y volviendo Esaú del campo, cansado, dijo a Jacob: Te ruego que me des a comer de ese guiso rojo, pues estoy muy cansado. Por tanto fue llamado su nombre Edom. Y Jacob respondió: Véndeme en este día tu primogenitura. Entonces dijo Esaú: He aquí yo me voy a morir; ¿para qué, pues, me servirá la primogenitura? Y dijo Jacob: Júramelo en este día. Y él le juró, y vendió a Jacob su primogenitura. Entonces Jacob dio a Esaú pan y del guisado de las lentejas; y él comió y bebió, y se levantó y se fue. Así menospreció Esaú la primogenitura (vv. 28-34).

La historia de la primogenitura concluye en Génesis 27 con el engaño de Jacob, lo que aseguró la bendición de su padre Isaac para él y no para Esaú, su hermano mayor. El resultado de la pérdida de la herencia fue muy amargo para Esaú:

> Y Esaú respondió a su padre: ¿No tienes más que una sola bendición, padre mío? Bendíceme también a mí, padre mío. Y alzó Esaú su voz, y lloró. Entonces Isaac su padre habló y le dijo: He aquí, será tu habitación en grosuras de la tierra, y del rocío de los cielos de arriba; y por tu espada vivirás, y a tu hermano servirás;

y sucederá cuando te fortalezcas, que descargarás su yugo de tu cerviz. Y aborreció Esaú a Jacob por la bendición con que su padre le había bendecido, y dijo en su corazón: Llegarán los días del luto de mi padre, y yo mataré a mi hermano Jacob (vv. 38-41).

Ambos hermanos son culpables por lo que sucedió en esta historia, pero en definitiva, fue Esaú quien cargó con más culpa. El escritor de Hebreos incluso lo citó como un ejemplo notorio de la clase de "espiritualidad" que hay que evitar: "Mirad bien, no sea que alguno deje de alcanzar la gracia de Dios; que brotando alguna raíz de amargura, os estorbe, y por ella muchos sean contaminados; no sea que haya algún fornicario, o profano, como Esaú, que por una sola comida vendió su primogenitura. Porque ya sabéis que aun después, deseando heredar la bendición, fue desechado, y no hubo oportunidad para el arrepentimiento, aunque la procuró con lágrimas" (He. 12:15-17). Podemos inferir correctamente de Hebreos que Esaú se convirtió en apóstata y, por tanto, perdió todas sus oportunidades de tener una buena relación con Dios.

La enseñanza para los creyentes del nuevo pacto es sencillamente esta: debemos huir de la conveniencia pecaminosa de sustituir métodos carnales por medios espirituales al enfrentarnos a los retos de la vida. Aquellos de nosotros que afirmamos conocer a Cristo y decimos que queremos honrarlo y servirle debemos sinceramente someternos a Él y caminar por el Espíritu.

"Andad en el Espíritu"

En Gálatas 5:16, el apóstol Pablo da este importante mandato a la iglesia de Galacia: "Digo, pues: Andad en el Espíritu, y no satisfagáis los deseos de la carne". Este mandato es la verdad esencial sobre cómo deben vivir todos los creyentes día a día. Debido a que los problemas, las angustias y las dificultades de la vida son a menudo causados por nuestra carne, el remedio para todos estos problemas es derrotar la concupiscencia de la carne mediante nuestro caminar en el Espíritu Santo. Este imperativo de Pablo para nosotros no es tampoco simple retórica piadosa y vacía. El apóstol Juan lo sabía y más tarde nos dio un incentivo sólido adicional para vencer nuestra carne: "Y el mundo pasa, y sus deseos; pero el que hace la voluntad de Dios permanece para siempre" (1 Jn. 2:17).

La palabra griega para "andad" en Gálatas 5:16 es un mandato en tiempo presente progresivo con continuidad, que se podría traducir literalmente "seguir caminando continuamente". La idea básica es que la vida cristiana se desarrolla día a día. Por tanto, caminar es una metáfora muy pintoresca que nos dice que debemos vivir un paso a la vez, como una cuestión de hábito y rutina. El Espíritu Santo ya está en nosotros (Ro. 8:9; 1 Co. 6:19) y obra a nuestro favor. Nuestra tarea es responder y someternos momento a momento, paso a paso, día a día, conforme a su habilitación y guía.

Un modelo para nuestro caminar espiritual

El mandato abstracto de caminar en el Espíritu suena bastante fácil. Pero como con tantas cosas en la vida, el reto viene en la realización de lo que sabemos es cierto. Por ejemplo, un entrenador de baloncesto puede diagramar un juego al final de un partido a puertas cerradas. Él confía en que el plan de juego dará como resultado canastas de victoria para su equipo, pero a menos que sus jugadores cumplan el plan, al que se opondrán vigorosamente los del otro equipo, el plan fallará, y perderán el partido. En el campo de la batalla espiritual, la oposición proviene de la carne, que está implícita en Gálatas 5:16 y precisada con mayor claridad en el versículo 17: "Porque el deseo de la carne es contra el Espíritu, y el del Espíritu es contra la carne; y éstos se oponen entre sí, para que no hagáis lo que quisiereis". En este escenario, es aún más imprescindible conocer el modelo bíblico para caminar en el Espíritu y cómo podemos seguir ese patrón práctica y eficazmente.[1]

Meditemos en la Palabra de Dios

En términos prácticos, el primer elemento importante en el patrón de la vida espiritual es una dieta diligente y diaria de la Palabra de Dios. Muchos versículos familiares dan fe de la importancia de las Escrituras (Jos. 1:8; Sal. 19:7-11; 119:97-105; Jn. 8:31-32; Ro. 15:4; Col. 3:16; 2 Ti. 2:15; 3:16-17; He. 4:12; 2 P. 1:21), pero un pasaje muy adecuado para nuestra discusión aquí —y que no suele considerarse en relación con la importancia de la Palabra— es el Salmo 1:1-3:

> Bienaventurado el varón que no anduvo en consejo de malos, ni estuvo en camino de pecadores, ni en silla de escarnecedores se ha sentado; sino que en la ley [Palabra] de Jehová está su delicia, y en su ley medita de día y de noche. Será como árbol plantado junto a corrientes de aguas, que da su fruto en su tiempo, y su hoja no cae; y todo lo que hace, prosperará.

El salmista menciona un elemento crucial de la lectura diaria de las Escrituras: meditación. Ese componente nos ayuda a sellar en nuestros corazones el contenido de la Palabra de Dios, que puede que inicialmente sea solo escuchar o leer. Donald Whitney nos ofrece una reflexión muy útil sobre el valor de la meditación:

---

1. Para una visión detallada del conflicto y contraste entre la carne y el Espíritu en Gálatas 5, vea el *Comentario MacArthur al Nuevo Testamento: Gálatas* (Grand Rapids: Editorial Portavoz, 2003), capítulos 15 y 16.

La meditación va más allá de la audición, la lectura, el estudio e incluso la memorización como forma de ingerir la Palabra de Dios. Una analogía simple sería una taza de té. Usted es la taza de agua caliente, y la dieta de las Escrituras está representada por la bolsa de té. Escuchar la Palabra de Dios es como una inmersión de la bolsa de té en la taza. Algo del sabor del té es absorbido por el agua, pero no tanto como podría ocurrir con un remojo más a fondo de la bolsa. En esta analogía, la lectura, el estudio y la memorización de la Palabra de Dios están representados por inmersiones adicionales de la bolsa de té en la taza. Cuanto más veces el té entra en el agua, más efecto tiene. La meditación, sin embargo, es como sumergir la bolsa por completo y dejarla reposar hasta que todo el rico sabor del té ha sido extraído y el agua caliente queda teñida completamente de marrón rojizo… El verdadero éxito es para aquellos que meditan en la Palabra de Dios, que piensan profundamente en las Escrituras, no solo en un momento cada día, sino por momentos durante el día y la noche. Ellos meditan tanto en las Escrituras que esta satura su conversación. El fruto de su meditación es la acción. Ellos hacen lo que encuentran mencionado en la Palabra de Dios, y como resultado, Dios prospera su camino y les concede el éxito.[2]

Por tanto, mientras lee la Palabra y medita en ella, usted se coloca en una posición en la que el Espíritu Santo puede ayudarle más eficazmente a caminar como Él quiere que camine.

---

2. Donald S. Whitney, *Spiritual Disciplines for the Christian Life* (Colorado Springs: NavPress, 1991), p. 44.

Un corazón fijo en Dios

Además de la importancia de meditar regularmente en las Escrituras, debemos tener la mente fija en Dios, si queremos caminar en el Espíritu. El salmista dijo esto: "Pronto está mi corazón, oh Dios, mi corazón está dispuesto; cantaré, y trovaré salmos [alabanzas]" (Sal. 57:7). El Nuevo Testamento también nos exhorta acerca de la importancia de tener nuestra mente en comunión con Dios y centrada en Él. El apóstol Pablo dio este imperativo familiar: "No os conforméis a este siglo, sino transformaos por medio de la renovación de vuestro entendimiento, para que comprobéis cuál sea la buena voluntad de Dios, agradable y perfecta" (Ro. 12:2; vea también Col. 3:2).

Por supuesto, la siguiente pregunta lógica es: "¿Cómo disciplinar nuestra mente para que pueda ser renovada y enfocarse en Dios?".

Dan DeHaan, el escritor y maestro de la Biblia, ofreció estas ideas prácticas e instructivas, que encajan bien con la exhortación de Pablo y el proverbio del Antiguo Testamento: "Porque cual es su pensamiento [el de cualquier persona] en su corazón, tal es él" (Pr. 23:7):

> Lo que preocupe a nuestra mente determinará nuestras metas, nuestro disfrute de la realidad y nuestra capacidad de afectar la vida de otras personas para mejor. A fin de que el comportamiento de Cristo sea una forma de vida en nosotros, tiene que haber una preocupación por "las cosas de arriba". No se trata de una especie de ensueño o del anhelo de ciertas cosas. Es la adoración consciente del carácter de Dios que nos conforma a lo que adoramos. Siempre nos convertimos en lo que adoramos. Esa es una ley, incluso, dentro de las relaciones terrenales. Usted se enamora de aquello ante lo que se inclina. Algunas personas reflexionan y cavilan sobre sus victorias o fracasos del pasado. Se convierten en

conscientes del pasado. Su día comienza con el pasado. Como resultado, nunca pueden ser lo que deben ser en este momento, para este momento. Otras personas están preocupadas por la posición, las posesiones o el placer. Ellos en realidad adoran esas cosas. Se den cuenta o no, esas son las cosas que controlan su pensamiento durante todo el día. Se están convirtiendo en lo que ellos adoran. Obviamente, si elegimos adorar lo que está pasando, cosechamos el fruto de una mente y un carácter igualmente inestables. Búscame un adorador de Dios, y yo le mostraré un hombre estable, con su mente en control, dispuesto a cumplir con el presente con una renovación divina.[3]

Las personas que tienen sus mentes renovadas y fijas en Dios, de hecho, andarán en el Espíritu, porque ellas adoran a Dios "en espíritu y en verdad" (Jn. 4:24).

En comunión con Dios en oración

El siguiente componente en el modelo para la vida espiritual es la comunión con Dios en oración. En 1 Pedro 4:7 se nos manda a todos los creyentes: "sed, pues, sobrios, y velad en oración". Muchas veces, cuando estoy inmerso en la Palabra, no sé dónde termina mi estudio de la Biblia y empieza mi meditación, o dónde mi meditación acaba y comienza mi oración. Se convierte, en gran medida, en un proceso ininterrumpido en el que ingiero las Escrituras, medito en ellas y pido al Señor que me ayude con aquellas partes que yo no entiendo. Estoy seguro de que la experiencia es similar a la de muchos otros creyentes que diaria y semanalmente buscan ser fieles.

---

3. Dan DeHaan, *The God You Can Know* (Chicago: Moody, 1982), p. 17.

La oración es realmente un ingrediente indispensable para todo cristiano que quiera caminar en el Espíritu. El aspecto de caminar momento a momento espiritualmente puede ser apoyado y reforzado en gran medida por una actitud bíblica de oración, una actitud que refleja la verdad de 1 Tesalonicenses 5:17: "Orad sin cesar".[4] Cameron V. Thompson tomó directamente de las Escrituras este ejemplo sencillo que hace hincapié en la necesidad de la oración:

> El secreto de todo fracaso es la falta de oración... La falta de oración es un desastre. Alguien ha dicho: "Dios congeló a Jacob por la noche y lo consumió con sequía en el día" (vea Gn. 31:40), pero pasaron veinte años antes de que él pudiera pronunciar una palabra de oración. Cuando él oró, maravillosamente se puso en el camino de Dios tratando de responder a sus propias oraciones (Gn. 32:9-20). Fue sólo en Jaboc (el lugar de vaciado) que aprendió el secreto de prevalecer con Dios. Allí fue vaciado de toda su fuerza natural y fue herido, para que no hiciera ninguna otra cosa, sino poner en Dios toda su vida. "Cuando Jacob luchó, fracasó; cuando se aferró, pronto prevaleció".[5]

El ejemplo de la lucha de Jacob con Dios debe recordarnos una vez más que no podemos seguir con éxito el modelo de la vida espiritual si nos basamos en nuestras propias fuerzas. El escritor de Proverbios dio este familiar pero sabio consejo: "Fíate de Jehová de todo tu corazón, y no te apoyes en tu propia prudencia. Reconócelo en todos

---
4. Para un estudio completo de la naturaleza e importancia de la oración, vea mi libro *A solas con Dios* (Casa Bautista de Publicaciones, 2010).
5. Cameron V. Thompson, *Master Secrets of Prayer* (Lincoln, NE: Good News Broadcasting, 1959), pp. 12-13.

tus caminos, y él enderezará tus veredas. No seas sabio en tu propia opinión; teme a Jehová y apártate del mal" (Pr. 3:5-7). El Nuevo Testamento también es claro en cuanto a nuestra tarea de caminar en el Espíritu. El apóstol Pedro recordó a sus lectores las maravillosas ventajas que tenían debido a su posición en Cristo (2 P. 1:1-3) y luego pasó a esbozar cómo se debe vivir:

> Vosotros también, poniendo toda diligencia por esto mismo, añadid a vuestra fe virtud; a la virtud, conocimiento; al conocimiento, dominio propio; al dominio propio, paciencia; a la paciencia, piedad; a la piedad, afecto fraternal; y al afecto fraternal, amor. Porque si estas cosas están en vosotros, y abundan, no os dejarán estar ociosos ni sin fruto en cuanto al conocimiento de nuestro Señor Jesucristo (2 P. 1:5-8).

Pedro ya había advertido a los lectores de su primera carta sobre su obligación básica como creyentes: "Amados, yo os ruego como a extranjeros y peregrinos, que os abstengáis de los deseos carnales que batallan contra el alma" (1 P. 2:11, vea también Ro. 13:14). Todas estas declaraciones refuerzan en conjunto la imagen de andar por el camino estrecho y largo del discipulado (1 P. 2:11 utiliza en la Biblia Reina-Valera la expresión más pintoresca de "extranjeros y peregrinos", que tal vez proyecta más la imagen espiritual de caminar a pie). Lo que quiere decir es que si vivimos como discípulos y cultivamos fielmente la obediencia al Señor (1 P. 1:22), seguiremos el patrón de la vida espiritual.

Ministrarnos unos a otros en el Espíritu

Es indiscutible que el Espíritu Santo es suficiente para satisfacer todas nuestras necesidades y proveernos de todos los medios y recursos espirituales para vivir como discípulos de Jesucristo. Pero también es obvio que a menudo fallamos en andar en el Espíritu tan fielmente como quisiéramos o como Dios esperaría. El mero hecho del pecado en nuestras vidas es suficiente para demostrar nuestra inconsistencia (1 Jn. 1:8-9; vea también Stg. 2:10; 3:2). El apóstol Pablo es un excelente ejemplo para nosotros de que él entendía el efecto inicial y continuo de la presencia del pecado en nuestra vida (vea Ro. 7; 1 Ti. 1:15-16). Él sabía, por tanto, que no siempre sería fácil vivir la vida cristiana, pero también conocía el valor de la perseverancia. Sus palabras a los filipenses nunca van a quedar anticuadas:

> No que lo haya alcanzado ya, ni que ya sea perfecto; sino que prosigo, por ver si logro asir aquello para lo cual fui también asido por Cristo Jesús. Hermanos, yo mismo no pretendo haberlo ya alcanzado; pero una cosa hago: olvidando ciertamente lo que queda atrás, y extendiéndome a lo que está delante, prosigo a la meta, al premio del supremo llamamiento de Dios en Cristo Jesús. Así que, todos los que somos perfectos, esto mismo sintamos; y si otra cosa sentís, esto también os lo revelará Dios. Pero en aquello a que hemos llegado, sigamos una misma regla, sintamos una misma cosa.
> Hermanos, sed imitadores de mí, y mirad a los que así se conducen según el ejemplo que tenéis en nosotros (Fil. 3:12-17).

Puesto que la vida del creyente es más como un maratón que una carrera de velocidad, y debido a nuestra inconsistencia pecaminosa, es difícil caminar en el Espíritu por nosotros mismos. Incluso si el Espíritu Santo es todosuficiente, nosotros aún nos necesitamos unos a otros. Eso es una realidad, como señalamos en el capítulo 6.

Allí vimos cómo el Espíritu puede ministrarnos por medio de otros cristianos. Ahora quiero que vea cómo nuestro caminar espiritual debiera animar a otros.

Levantar y restaurar a otros

En nuestra cultura occidental de individualismo y aislamiento, a menudo es difícil apreciar la necesidad que tenemos unos de otros. Es fácil para nosotros, sobre todo en Estados Unidos, quedar tan arraigados en esos patrones individualistas que no nos acercamos lo suficiente a otros para darnos cuenta de sus necesidades. El verdadero problema con ese estilo de vida es que a menudo se esparce en la iglesia y afecta la forma en que ministramos —o no ministramos— a los demás. Sin duda, esa no es la filosofía que Pablo tenía en mente cuando plantaba y edificaba iglesias del Nuevo Testamento. Sus cartas a ellas esbozan un mejor camino.

Gálatas 6:1-6 es uno de los pasajes clave del Nuevo Testamento, que se refiere a la relación entre hermanos. Este fluye directamente de la exhortación de Pablo a los creyentes de huir de las obras de la carne, cultivar el fruto del Espíritu y andar en Él (5:16-26). Dios nunca quiso que nuestro caminar espiritual fuera un fin en sí mismo. En su lugar, Él quiere que andemos en una manera que tenga una influencia positiva sobre los demás creyentes y ayude a purificar y edificar la iglesia.

Gálatas 6:1 contiene el primer elemento de cómo nuestro caminar espiritual debe ministrar a otros: "Hermanos, si alguno fuere sorprendido en alguna falta, vosotros que sois espirituales, restauradle con espíritu de mansedumbre, considerándote a ti mismo, no sea que tú también seas tentado". Estamos para levantar o restaurar a hermanos miembros de la iglesia que pueden haber caído en pecado.

Si un creyente no está caminando en el Espíritu, significa que está atrapado en una transgresión. "Sorprendido en alguna falta" contiene la idea de haber caído en un pecado y estar atrapado o sujeto por él. El uso de "alguna" por Pablo es notable porque eso no nos va a permitir alegar que algunos pecados no pueden o no deben ser enfrentados dentro de nuestras iglesias locales. Cada vez que sabemos que algún hermano o hermana está atrapado por el pecado, el Espíritu quiere que actuemos y busquemos su restauración.

El apóstol no dice que solo aquellos que son "superespirituales" o perfectos pueden dedicarse a restaurar a otro creyente. "Vosotros que sois espirituales" significa simplemente aquellos que son fieles al caminar en el Espíritu, que piensan en cosas espirituales y dejan que la Palabra de Cristo habite en abundancia en sus corazones y mentes. En 1 Tesalonicenses 5:14, de manera similar, Pablo instó a los cristianos maduros a ministrar a los creyentes débiles y pecadores: "…os rogamos, hermanos, que amonestéis a los ociosos, que alentéis a los de poco ánimo, que sostengáis a los débiles, que seáis pacientes para con todos". Y este tipo de exhortación no es que fuera algo distintivo de Pablo. Él solo estaba ampliando fielmente la enseñanza básica del Señor Jesús, que proporcionó el precedente para un ministerio de restauración entre los creyentes con su enseñanza sobre la disciplina de la iglesia en Mateo 18:5-17 (vea también 5:23-24).

En Gálatas 6:1, Pablo dijo muy claramente a los gálatas y a nosotros cómo llevar a cabo el proceso de levantar a un hermano o hermana que ha tropezado: "Restauradle con espíritu de mansedumbre". El verbo griego para "restaurar" está en el tiempo presente continuo, lo que sugiere que es probable que tengamos que realizar una obra paciente y perseverante al tratar con otro cristiano que lo necesita. El proceso implica esencialmente reparar algo (como la reparación de las redes de pesca) o enderezar algo torcido (como en la realineación de un marco o de algunas articulaciones). Estas definiciones deben demoler cualquier idea persistente de que la confrontación y la restauración dentro de las iglesias son ministerios opcionales.

Si nos basamos en la sabiduría y guía del Espíritu Santo, restauraremos a otro creyente con mansedumbre. Una manera amable y bondadosa debe ser algo automático en nosotros, porque uno de los aspectos del fruto espiritual es la mansedumbre (Gá. 5:23). Sin embargo, el ideal de lo que debería ser no siempre coincide con la realidad de lo que sucede. Por tanto, necesitamos los recordatorios de Pablo en Gálatas 6 y en otros lugares sobre cómo tratar correctamente en el seno de la iglesia al hermano que peca (vea 2 Co. 2:7-8; 2 Ts. 3:15).

Sobrellevar los unos a los otros

Nadie puede dudar de que el amor sincero tenga una prioridad muy alta en las Escrituras y, por tanto, dentro de los planes y propósitos de Dios. Es sin duda uno de sus atributos y fue una de las motivaciones e iniciativas divinas detrás de su plan de salvación (Jn. 3:16; Ro. 5:8). El Señor Jesús dijo que el amor es la señal que define a los creyentes: "Un mandamiento nuevo os doy: Que os améis unos a otros; como yo os he amado, que también os améis unos a otros. En esto conocerán todos que sois mis discípulos, si tuviereis amor los unos con los otros" (Jn. 13:34-35). Nuestro Señor también estableció dos aspectos del amor como elementos que resumían toda la ley de Dios: "Jesús le dijo: Amarás al Señor tu Dios con todo tu corazón, y con toda tu alma, y con toda tu mente. Este es el primero y grande mandamiento. Y el segundo es semejante: Amarás a tu prójimo como a ti mismo. De estos dos mandamientos dependen toda la ley y los profetas" (Mt. 22:37-40).

Sigue lógicamente, entonces, que el amor será una actitud y una acción propias de todo creyente que camina en el Espíritu. El amor está estrechamente relacionado con la forma en que ese creyente ministra a otros cristianos, como nos muestra Gálatas 6:2: "Sobrellevad los unos las cargas de los otros, y cumplid así la ley de Cristo".

Cuando nos involucramos con los demás y les ayudamos a llevar sus cargas particulares, estamos obedeciendo la ley del amor. Santiago lo llamó "la ley real" (Stg. 2:8), y es el segundo aspecto del ministerio espiritual de servir unos a otros.

A primera vista, la frase "sobrellevad los unos las cargas de los otros" es concisa, pero es más bien de composición abierta. ¿Qué significa exactamente sobrellevar la carga de otra persona? El comentarista William Hendriksen nos aporta estas ideas pertinentes:

> Esto no quiere decir simplemente "Tolerarse el uno al otro" o "Aguantarse el uno al otro". Significa "Poner en nuestros hombros las cargas de otros miembros, y llevarlas juntos". Cada uno debe poner su hombro debajo de las cargas por las cuales este o aquel miembro gime, sean cual sean esas cargas. Juntos deben llevar la carga. Aunque la expresión "los unos las cargas de los otros" es muy general, y se aplica a todo tipo de aflicción opresiva que sea posible ser compartida por los hermanos de la iglesia, hay que tener en cuenta, sin embargo, que el punto de partida de esta exhortación... es el deber de extender la ayuda al hermano a fin de que pueda superar su debilidad espiritual.[6]

A pesar de que la "carga" se puede aplicar a muchas obligaciones, dificultades y pecados diferentes, el término griego significa una carga insoportable y muy pesada que una persona sola no puede llevar. Este hecho demuestra una vez más que en el cuerpo de Cristo nos necesitamos unos a otros. El Espíritu Santo está preocupado por

---

6. William Hendriksen, *New Testament Commentary: Galatians* [*Exposición de Gálatas*] (Edinburgh, United Kingdom: Banner of Truth, 1968), pp. 232-33. Publicado en español por Libros Desafío.

cada miembro y quiere usarnos a cada uno de nosotros para darnos apoyo mutuo.

Ya vimos anteriormente en nuestro estudio que Hebreos 10:23-25 enseña con claridad que no es ni bueno ni es la voluntad de Dios que los cristianos traten de vivir la vida cristiana por su cuenta. Una de las principales razones, que todos hemos podido verificar mediante la experiencia personal, es que es mucho más difícil resistir las tentaciones cuando nos aislamos por mucho tiempo. La carga pesada, opresiva y persistente de la tentación se hará insoportable sin nadie a nuestro lado para ayudarnos, y caeremos sin poder evitarlo, quizás varias veces. Por otro lado, todos hemos notado que cuando convivimos regularmente con otros creyentes en una iglesia firme en el compañerismo y la enseñanza, la fortaleza y el apoyo de esas amistades espirituales nos ayudan a mantenernos caminando en el Espíritu.

La responsabilidad espiritual entre los creyentes es realmente de lo que se trata llevar la carga, y podemos lograrlo de maneras muy prácticas. Una es establecer un horario regular para hablar juntos sobre temas espirituales. Usted puede mantener a la otra persona responsable en esos momentos al animarla a que comunique cómo van las cosas con respecto a una determinada tentación, mal hábito o reto difícil. También puede orar por esa persona regularmente y ver con ella cómo son contestadas esas oraciones.

En resumen, el ministerio bíblico de llevar cargas conlleva mucho más que confrontar a alguien acerca de un cierto pecado y luego dejarlo (vea Stg. 2:16-17). Entraña, en realidad, un proceso de edificación mutua en el que nosotros y la otra persona nos beneficiamos juntos de la verdad de Dios. Como dijo Pablo en Gálatas 6:6: "El que es enseñado en la palabra, haga partícipe de toda cosa buena al que lo instruye". Este proceso se complementa muy bien, gracias a la presencia del Espíritu Santo, nuestro Pastor silencioso, que mora en nosotros y nos guía, que exhorta e instruye por medio de nosotros, y que nos concede el privilegio de caminar con Él. Andar en el Espíritu no es algo complejo y místico, o reservado para una élite minoritaria de santos. Por tanto, no necesitamos un conocimiento secreto, técnicas de manipulación, trucos ingeniosos o experiencias especiales. En su lugar, todo el patrón para caminar espiritualmente está unido a los conceptos básicos del discipulado cristiano, que todos los creyentes pueden tomar de las Escrituras. La clave está en la vigilancia espiritual y la perseverancia diaria. Por eso Pablo escribió: "Velad, estad firmes en la fe; portaos varonilmente, y esforzaos. Todas vuestras cosas sean hechas con amor" (1 Co. 16:13-14).

8

SEAMOS CONSCIENTES DE TODO NUESTRO POTENCIAL, EN EL ESPÍRITU

A veces una sencilla conversación entre amigos puede tener consecuencias más allá de lo que cualquier persona supone. Tal fue el caso en el verano de 1872 cerca de Dublín, Irlanda, cuando dos evangelistas prominentes estaban conversando acerca del ministerio. Estos dos hombres eran el evangelista británico Henry Varley y el renombrado evangelista estadounidense Dwight L. Moody. Su conversación contiene una de las frases más recordadas atribuida a la vida y el tiempo de Moody. El comentario lo afectó durante el resto de su vida.

La mañana después de una velada de oración de toda la noche, mientras los dos hombres paseaban por los jardines de la mansión donde se había celebrado la reunión, Varley le hizo a Moody una declaración breve, pero que invitaba a la reflexión. Así quedó escrita en uno de los diarios de Moody:

"El mundo todavía no ha visto lo que Dios puede hacer con, y para y por medio de un hombre que está total y completamente consagrado a Dios". ¡Un hombre! Varley se refirió a *cualquier* hombre. Varley no dijo que tenía que ser educado, o brillante o cualquier otra cosa. Solo un *hombre*. Bueno, por el Espíritu Santo en mí, yo voy a ser ese hombre.[1]

Las palabras de Henry Varley quedaron indeleblemente grabadas en el corazón y la mente de Dwight Moody y fueron una gran motivación para la última parte del ministerio de aquel dotado evangelista estadounidense. Poco tiempo después de su paseo con Varley, Moody quedó aún más impresionado por la necesidad de ser completamente obediente al Señor:

De vuelta en Londres, sentado en el Tabernáculo Metropolitano, el comentario de Varley y la predicación de Spurgeon centraron la atención de Moody en "algo que nunca [se] había dado cuenta antes. No era Spurgeon quien estaba haciendo el trabajo: era Dios. Y si Dios podía usar a Spurgeon, ¿por qué no habría de usar[lo] a [él]?".[2]

Si una observación informal de un cristiano a otro creyente —en especial a uno que ya era un líder prominente— pudo estimular tanto el pensamiento de esa persona con respecto a la santificación y el servicio eficaz, esas palabras también debieran estimular a creyentes como nosotros. Ese episodio de la vida de Moody nos anima a lidiar

---

1. Citado en el libro de John Pollock, *Moody: The Biography* (Chicago: Moody, 1983), p. 115.
2. Ibíd.

con la cuestión de lo que significa ser dotado por el Espíritu Santo. Una forma correcta de hacerlo es considerar esta última pregunta: ¿Qué significa ser lleno del Espíritu?

El mandato de Dios de "ser llenos"

Efesios 5:18 contiene este imperativo del apóstol Pablo: "Sed llenos del Espíritu". Este mandato conciso y sencillo está cargado de significado para los creyentes. Sin embargo, ese significado es a menudo mal entendido, mal aplicado o perdido por completo. Para empezar, muchos cristianos no tienen claro lo que este versículo no quiere decir. Una vez descartados los significados incorrectos, podemos centrarnos en lo que Pablo estaba diciendo en realidad.

Significados erróneos de "ser lleno"

Primero, esta frase no manda a cristianos vacíos que adquieran algo que ellos todavía no tienen. Cada uno de nosotros, como ya hemos visto en nuestro estudio, poseemos todo el Espíritu Santo desde el momento en que nos arrepentimos y creemos (vea de nuevo Ro. 8:9-10).

Segundo, la frase de Pablo no está equiparando la plenitud del Espíritu con el bautismo del Espíritu. El bautismo del Espíritu Santo no es una experiencia extra que tenemos que buscar; es algo que tenemos desde el momento en que somos salvos. Este bautismo es una realidad teológica, un acto por el cual Jesucristo por medio de la obra del Espíritu nos hace miembros del cuerpo de Cristo (1 Co. 12:13, vea también Jn. 7:37-39).

Significado correcto de "ser lleno"

La comprensión de la palabra griega para "ser llenos", *plerousthe*, revela claramente el significado correcto del mandato de Pablo en Efesios 5:18. La traducción literal del verbo sería algo así como "está siendo mantenido lleno". La idea es la de mantenernos constantemente llenos, al tiempo que nos sometemos en cada momento a la dirección del Espíritu. Esto encaja perfectamente con el proceso de caminar en el Espíritu. La traducción precisa del verbo griego también destruye la idea carismática generalizada de que ser llenos es una experiencia emocional única que nosotros iniciamos, que nos sitúa al instante en un círculo íntimo de madurez espiritual. "Sed llenos" está en realidad en voz pasiva e indica que nosotros recibimos la acción: el Espíritu Santo está continuamente llenándonos. Tan solo es otra faceta del ministerio del Espíritu que mora en nosotros, que nos permite disponer todos los días, momento a momento, de eficacia y satisfacción en nuestra vida cristiana.

Facetas de la llenura espiritual

Cuando usamos la palabra *llenar* en español, normalmente pensamos en algo que se mete en un recipiente, como la leche que se vierte hasta el borde de un vaso, el agua que se deja correr dentro de una bañera o la gasolina que se bombea al tanque del auto. Pero ninguno de esos ejemplos transmite con precisión el significado de *llenar* o *ser llenado* como lo hace el griego *pleroo*, utilizado en Efesios 5:18.

Pleroo tiene tres matices de significado que son útiles para ilustrar el sentido bíblico de la llenura del Espíritu. El primero conlleva la idea de presión. Se utiliza para describir el viento que ondea las velas de un barco y da el impulso para mover la nave a través del agua. En el reino espiritual, este concepto representa el Espíritu Santo que proporciona el empuje para mover al creyente por el camino de la obediencia. Los cristianos llenos del Espíritu no son motivados por su propio deseo o voluntad para el progreso. En su lugar, ellos permiten que el Espíritu Santo los lleve en la dirección correcta. Otro ejemplo útil de este primer significado es un pequeño palo que flota en un arroyo. En algún momento de nuestra vida, la mayoría de nosotros hemos echado un palo en un arroyo y luego hemos corrido aguas abajo para ver el palo que venía flotando, propulsado únicamente por la fuerza del agua. Ser llenos del Espíritu significa ser llevados por la presión amorosa del Espíritu Santo.

Pleroo también puede transmitir la idea de penetración. Un conocido analgésico efervescente ilustra este principio con bastante eficacia. Cuando ponemos una o dos pastillas en un vaso de agua, inmediatamente comienzan a esfumarse y disolverse. Pronto los comprimidos se han transformado en burbujas transparentes en todo el vaso, y el agua queda impregnada con el sabor distintivo. En un sentido similar, Dios quiere que el Espíritu Santo impregne y dé sabor a nuestra vida para que cuando estemos cerca de otras personas, ellas sepan con certeza que poseemos el olor penetrante del Espíritu.

Hay un tercer significado de *pleroo*, de hecho el principal en el Nuevo Testamento, que transmite el sentido de dominio o control total. Los escritores de los Evangelios utilizan el término en varios pasajes para indicar que las personas fueron dominadas por una cierta emoción. En Lucas 5:26, después que Jesús reprendió a los fariseos y sanó al paralítico, la gente estaba admirada y llena de temor. En Lucas 6:11, cuando Jesús restauró la mano de un hombre el sábado, los escribas y fariseos "se llenaron de furor". Cuando nuestro Señor dijo a los discípulos que pronto los dejaría, Él dijo de su reacción: "...tristeza ha llenado vuestro corazón" (Jn. 16:6). Cada uno de esos usos revela una emoción tan intensa dentro de la persona, que dominaba sus pensamientos y excluía cualquier otra emoción.

La mayoría de las personas son capaces de equilibrar sus emociones a lo largo de sus vidas. Pero hay ocasiones en las que el equilibrio emocional se inclina hacia un extremo u otro. Esas ocasiones incluyen nuestra boda, la muerte de un familiar cercano, una emergencia o estrés. Cuando alguien está totalmente dominado por una reacción emocional en particular en contextos seculares, puede que sea una tontería, una pérdida de tiempo o incluso algo aterrador y peligroso.

Pero, en nuestra vida espiritual, se nos manda que cedamos el control total al Espíritu Santo para que cada emoción, pensamiento y acto de la voluntad esté bajo su dirección. Este tipo de control espiritual completo es para nuestro beneficio y está totalmente en línea con la voluntad de Dios.

Hay un pasaje paralelo en Colosenses 3:16, que equivale exactamente al mandato de Efesios 5:18 de "sed llenos del Espíritu". El apóstol Pablo expresa la misma verdad con estas palabras: "La palabra de Cristo more en abundancia en vosotros…". Solo podemos ser llenados con el Espíritu cuando estamos controlados por la Palabra. Se trata de conocer la verdad y obedecerla.

Las consecuencias prácticas de ser lleno del Espíritu

El apóstol Pablo siguió con su inspirado mandato de que fuéramos llenos del Espíritu dando testimonio de lo que resaltará en nuestras vidas si realmente obedecemos esa exhortación:

> Hablando entre vosotros con salmos, con himnos y cánticos espirituales, cantando y alabando al Señor en vuestros corazones; dando siempre gracias por todo al Dios y Padre, en el nombre de nuestro Señor Jesucristo. Someteos unos a otros en el temor de Dios (Ef. 5:19-21).

La declaración de Pablo que describe el resultado de ser llenos del Espíritu Santo nos provee de una culminación apropiada para nuestro amplio estudio de la persona y el ministerio del Espíritu Santo. Ahora que ya hemos visto el significado del mandato divino de ser llenos del Espíritu, y luego de haber examinado sus diversas obras a nuestro favor y nuestros amplios recursos para caminar en Él, es muy posible que usted se esté preguntando: "¿Cómo puedo realmente saber si estoy caminando al mismo paso que el Espíritu y viviendo en su plenitud?".

El apóstol responde a esto con tres pruebas claras para poder juzgar el funcionamiento completo del Espíritu Santo en nuestra vida.

Cantando y alabando al Señor

El lugar de la música y del canto en la iglesia y la vida cristiana podría ser el tema de un libro aparte y, por supuesto, músicos calificados y piadosos han escrito varios volúmenes sobre todos los aspectos de la música. Así que hay recursos útiles para que nos refiramos a este tema. Sin embargo, creo que muchos de nosotros todavía podríamos leer Efesios 5:19 y preguntarnos hasta qué punto la cuestión de cantar se relaciona, de manera directa, con la gran verdad doctrinal del versículo 18. Pero hay una relación —la primera consecuencia de ser lleno del Espíritu es que tendremos una canción en nuestros corazones—, y otros pasajes de las Escrituras nos ayudarán a entenderlo.

El evangelista Billy Graham escribió lo siguiente sobre el papel del canto en la vida del cristiano:

> Dios puso un cántico en el hombre, pero el pecado lo confundió, lo distorsionó, y trajo la discordia a su vida. Cuando una persona se arrepiente y pone su confianza sin reservas en Jesucristo, Dios le da de nuevo la melodía que fue casi silenciada. Ese es el secreto de la vida cristiana.[3]

La Biblia no dice nada sobre el papel que la música y los cánticos tuvieron antes de la caída, pero podemos inferir con seguridad que la música ha sido importante para la humanidad desde los primeros tiempos (vea Gn. 4:21). Moisés y el pueblo de Israel alabaron a Dios

---

3. Billy Graham, *Crusader Hymns*, edición especial (Chicago: Hope Publishing, 1966), prefacio.

después de ser liberados de los egipcios (Éx. 15). Del mismo modo, Débora y Barac cantaron después de su victoria sobre Sísara (Jue. 5). Y, por supuesto, Salmos está lleno de referencias a cantos, música y alabanza, y termina con esta exhortación en el último versículo del libro: "Todo lo que respira alabe a JAH. Aleluya" (Sal. 150:6).

Otras referencias en el Nuevo Testamento son también significativas en su mención de los cantos. Jesús y sus discípulos cantaron un himno al terminar de comer la Pascua (Mt. 26:30; Mr. 14:26). Los creyentes en la naciente Iglesia cantaron probablemente su oración en Hechos 4:24-30, y Hechos 16:25 nos dice que Pablo y Silas cantaban mientras estaban sentados encadenados en el calabozo de Filipos. Pablo se animó a sí mismo cantando en Colosenses 3:16, el pasaje paralelo a Efesios 5:19 (vea también Stg. 5:13). Finalmente, en el último libro del Nuevo Testamento, el apóstol Juan hizo esta referencia destacada a un cántico:

> Y cuando hubo tomado el libro [Cristo, el Cordero], los cuatro seres vivientes y los veinticuatro ancianos se postraron delante del Cordero; todos tenían arpas, y copas de oro llenas de incienso, que son las oraciones de los santos; y cantaban un nuevo cántico, diciendo: Digno eres de tomar el libro y de abrir sus sellos; porque tú fuiste inmolado, y con tu sangre nos has redimido para Dios, de todo linaje y lengua y pueblo y nación; y nos has hecho para nuestro Dios reyes y sacerdotes, y reinaremos sobre la tierra. Y miré, y oí la voz de muchos ángeles alrededor del trono, y de los seres vivientes, y de los ancianos; y su número era millones de millones, que decían a gran voz: El Cordero que fue inmolado es digno de tomar el poder, las riquezas, la sabiduría, la fortaleza, la honra, la gloria y la alabanza. Y a todo lo

creado que está en el cielo, y sobre la tierra, y debajo de la tierra, y en el mar, y a todas las cosas que en ellos hay, oí decir: Al que está sentado en el trono, y al Cordero, sea la alabanza, la honra, la gloria y el poder, por los siglos de los siglos. Los cuatro seres vivientes decían: Amén; y los veinticuatro ancianos se postraron sobre sus rostros y adoraron al que vive por los siglos de los siglos (Ap. 5:8-14; vea también 14:3; 15:3-4).

Este no es un canto cualquiera que se canta delante del trono de Dios, como las palabras mismas dicen claramente. El cántico es tan especial que Juan lo llamó "un nuevo cántico", que en griego no significa solo un nuevo canto cronológicamente, sino nuevo cualitativamente. Cada vez que este término griego para *nuevo* se usa en el Nuevo Testamento, es en relación con la salvación. Por lo tanto, es lógico que los que son salvos y llenos del Espíritu Santo canten un cántico nuevo, que es del todo diferente de las canciones del mundo. Si de verdad hay algo nuevo en la vida cristiana, debe ser los cantos que se elevan desde nuestros corazones durante los cultos de adoración y otras reuniones. Esos cantos son el producto del Espíritu Santo, que mora en nosotros y nos hace prorrumpir en alabanza por el gozo que tenemos de someternos a Él.

Dando gracias a Dios por todo

Efesios 5:20 nos da una segunda virtud que resulta cuando un creyente está verdaderamente lleno del Espíritu: estará agradecido a Dios. Llevo mucho tiempo convencido de que la gratitud es la acción más grande de adoración personal que podemos dar a Dios. William Hendriksen apoya esta afirmación: "Por tanto, la expresión de gratitud es la más noble respuesta por los favores inmerecidos. Mientras dura, las preocupaciones tienden a desaparecer, las quejas se desvanecen, el valor para afrontar el futuro aumenta, las resoluciones virtuosas se forman, la paz se experimenta, y Dios es glorificado".[4]

El agradecimiento genuino también ve más allá de la circunstancia difícil o desconcertante, hacia el plan soberano y el propósito de Dios (vea Ro. 8:28-29).

Siempre

El apóstol Pablo dijo con claridad a los creyentes efesios que la gratitud debe ser una respuesta completa y bien equilibrada que afecta todos los ámbitos de la vida. Primero, la persona llena del Espíritu *agradecerá siempre y en todo momento*. En Efesios y en otros lugares, Pablo dejó claro que esa es la voluntad del Señor para nosotros: "Dad gracias en todo, porque esta es la voluntad de Dios para con vosotros en Cristo Jesús" (1 Ts. 5:18; vea también Ef. 5:17; Stg. 1:25).

Esa reacción consistente, y sin excepciones permitidas, que el Señor trae a nuestra vida no es fácil y ni siquiera posible con nuestras propias fuerzas. Pero esa será nuestra respuesta todo el tiempo si estamos viviendo la vida llena del Espíritu. El Espíritu Santo obra con amor y misericordia para que podamos responder con acción de gracias sin importar cuándo vienen las bendiciones o los retos. A veces, Él nos bendice inesperadamente, lo que hace que sea fácil dar gracias. La gratitud y la alabanza de Moisés y los israelitas después que Dios los libró dividiendo el Mar Rojo es un ejemplo importante de eso (Éx. 14—15).

En otras ocasiones, el Espíritu Santo nos da la oportunidad de mostrar agradecimiento antes de que ocurra un determinado suceso. Si la previsión es algo agradable, como unas vacaciones o una reunión con un ser querido, es más fácil para nosotros mostrar agradecimiento. Pero si la anticipación es más difícil y aterradora, entonces

---

4. William Hendriksen, *New Testament Commentary: Ephesians* [*Exposición de Efesios*] (Edinburgh, United Kingdom: Banner of Truth, 1967), p. 241. Publicado en español por Libros Desafío.

se convierte en una prueba de nuestra fe. En 2 Crónicas 20, el rey Josafat y su pueblo pasaron esa prueba antes de una batalla contra los amonitas y moabitas. Cuando les llegó la noticia de que un gran ejército venía contra Judá, Josafat inmediatamente pidió ayuda al Señor. El Espíritu del Señor entonces reveló su ánimo por medio del profeta Jahaziel, y los levitas y todo el pueblo adoraron y dieron gracias a Dios antes de su éxito contra el enemigo (2 Cr. 20:1-23). Por último, Dios puede decidir traer de repente una prueba o adversidad a nuestra vida. Entonces nos veremos retados a dar gracias en medio de la batalla, cuando es más difícil responder de forma justa. Jonás, a pesar de todos sus defectos pecaminosos, nos ofrece un excelente ejemplo de lo que es una respuesta correcta. Después que lo tragara el pez gigante, Jonás oró de esta forma al Señor: "Cuando mi alma desfallecía en mí, me acordé de Jehová, y mi oración llegó hasta ti en tu santo templo. Los que siguen vanidades ilusorias, su misericordia abandonan. Mas yo con voz de alabanza te ofreceré sacrificios; pagaré lo que prometí. La salvación es de Jehová" (Jon. 2:7-9). Dios honró la oración de Jonás y lo libró del pez, justo en el lugar donde se suponía debía estar. Puede que nosotros nunca seamos tan severamente probados como lo fue Jonás, pero Dios en su providencia puede permitir que pasemos por dificultades inesperadas. Si en esos momentos respondemos con verdadera gratitud, eso demostrará que somos cristianos maduros que estamos llenos del Espíritu.

En todo

Si el creyente lleno del Espíritu es agradecido en todo momento, se deduce razonablemente que también estará *agradecido por todo*. Acabamos de ver que los tiempos difíciles también pueden incluir cuestiones difíciles por las que debemos dar gracias (vea de nuevo Stg. 1:25; vea también He. 12:3-13; 1 P. 2:20-21). Pero también podríamos enumerar docenas de cosas positivas por las que las Escrituras nos recuerdan que debemos estar agradecidos. Algunas de las más importantes son: la bondad y la misericordia de Dios (Sal. 106:1; 107:1; 136:1-3), el don de Cristo (2 Co. 9:15), el triunfo del evangelio (2 Co. 2:14), la victoria sobre la muerte y la tumba (1 Co. 15:57), la recepción y la obra eficaz de la Palabra de Dios en los demás (1 Ts. 2:13; 3:9) y la provisión que nuestro cuerpo necesita (Ro. 14:6-7; 1 Ti. 4:3-4.). Cada una de estas categorías contiene muchos elementos más específicos por los que podemos dar gracias. Lo que quiero decir es que quienes están llenos del Espíritu no conocen límites ni distinciones sobre por qué cosas dar gracias a Dios.

En el nombre de Jesucristo

Por último, aquellos que son llenos del Espíritu darán gracias *a Dios Padre en el nombre de Jesucristo*. Esto significa, en primer lugar, que no podríamos estar agradecidos en absoluto si no fuera por Jesucristo y lo que Él ha hecho por nosotros. "En el nombre de nuestro Señor Jesucristo" significa sencillamente ser coherente con su carácter y sus obras. Un extracto del inspirador capítulo primero de la carta de Pablo a los efesios resume este concepto muy bien:

> En amor habiéndonos predestinado para ser adoptados hijos suyos por medio de Jesucristo, según el puro afecto de su voluntad, para alabanza de la gloria de su gracia, con la cual nos hizo aceptos en el Amado, en quien tenemos redención por su sangre, el perdón de pecados según las riquezas de su gracia, que hizo sobreabundar para con nosotros en toda sabiduría e inteligencia... En él asimismo tuvimos herencia, habiendo sido predestinados conforme al propósito del que hace todas las cosas según el designio de su voluntad, a fin de que seamos para alabanza de su gloria,

nosotros los que primeramente esperábamos en Cristo (Ef. 1:5-8, 11-12).

No importa lo que nos pase, podemos dar gracias por lo que Jesús significa para nosotros y podemos saberlo debido a la soberanía de Dios porque, pase lo que pase, todo va a resultar para nuestro bien y para su gloria.

El objetivo de la acción de gracias por estar lleno del Espíritu es Dios el Padre. Este nombre de Dios realza su amorosa generosidad hacia sus hijos y el flujo constante de dones que fluye de su mano todopoderosa. Santiago 1:17 nos recuerda esto: "Toda buena dádiva y todo don perfecto desciende de lo alto, del Padre de las luces, en el cual no hay mudanza, ni sombra de variación". Si el apóstol Santiago estaba en lo cierto, y lo está, es difícil imaginar cómo los creyentes podrían dejar alguna vez de dar todas sus gracias a Dios. Mucho antes de que Santiago o Pablo instruyeran a los cristianos acerca del agradecimiento, el salmista hizo eso muchas veces con el pueblo de Dios (p. ej. Sal. 30; 50; 69; 92; 95; 98; 100; 105; 118). Sencillamente, no hay escape de la importancia que tiene para los creyentes dar continuamente gracias a Dios por todo y en todo momento. La carta a los hebreos ofrece esta apropiada piedra angular para nuestra discusión: "Así que, ofrezcamos siempre a Dios, por medio de él, sacrificio de alabanza, es decir, fruto de labios que confiesan su nombre" (He. 13:15).

Someteos unos a otros

La tercera consecuencia práctica de estar lleno del Espíritu Santo es la sumisión de unos creyentes a otros: "Someteos unos a otros en el temor de Dios" (Ef. 5:21). Una vez más, vemos aquí un aspecto de la vida llena del Espíritu que refleja y relaciona un principio que se encuentra en otros muchos lugares de las Escrituras. Puesto que ya hemos abordado cuestiones relacionadas con el mutuo sometimiento al principio de este libro, voy a abordar el asunto aquí de forma breve.

La Biblia está llena de declaraciones y exhortaciones acerca de la importancia de estar sujetos unos a otros y ministrarnos unos a otros. Quiero destacar algunas y enumerar varias otras para subrayar la importancia que el Espíritu Santo le ha dado al concepto de que los creyentes se apoyen unos a otros.

Romanos 12:5 dice: "Así nosotros, siendo muchos, somos un cuerpo en Cristo, y todos miembros los unos de los otros" (vea también Hch. 2:44; 1 Co. 12:12; Ef. 2:11-22). Romanos 14:13 dice con respecto a la relación de hermanos más débiles y más fuertes entre sí: "Así que, ya no nos juzguemos más los unos a los otros, sino más bien decidid no poner tropiezo u ocasión de caer al hermano" (vea también 1 Co. 8). Efesios 4:11-12 habla de los grandes dones espirituales que edifican la Iglesia: "Y él mismo constituyó a unos, apóstoles; a otros, profetas; a otros, evangelistas; a otros, pastores y maestros, a fin de perfeccionar a los santos para la obra del ministerio, para la edificación del cuerpo de Cristo" (vea también 1 Co. 12:8-10). En 1 Juan 4:7 leemos este mandato básico sobre el amor por los demás: "Amados, amémonos unos a otros; porque el amor es de Dios. Todo aquel que ama, es nacido de Dios, y conoce a Dios" (vea también Jn. 13:34-35; Ef. 4:2; Col. 3:14; 1 Ts. 3:12; 1 P. 1:22, 1 Jn. 2:10; 4:11).

Filipenses 2:3-4 es un pasaje clásico en cuanto al interés y el bienestar por los demás: "Nada hagáis por contienda o por vanagloria; antes bien con humildad, estimando cada uno a los demás como superiores a él mismo; no mirando cada uno por lo suyo propio, sino cada cual también por lo de los otros" (vea también Ro. 12:10; 1 Co. 4:7; 1 Ti. 5:21; Stg. 2:1). Hebreos 13:17 da a los creyentes una orientación importante en relación con la sumisión a los líderes espirituales: "Obedeced a vuestros pastores, y sujetaos a ellos; porque ellos velan por vuestras almas, como quienes han de dar cuenta; para que lo hagan con alegría, y no quejándose, porque esto no os es provechoso" (vea también 1 Ts. 5:12-13; 1 P. 5:5).

Todas esas características y acciones, y muchas más en el Nuevo Testamento, son partes del estilo de vida normal y sumiso del cristiano lleno del Espíritu. La palabra *sometimiento* desde la perspectiva del mundo tiene la connotación de debilidad o de ceder a una autoridad prepotente mucho más fuerte. Pero eso no es lo que significa en la Biblia. Martyn Lloyd-Jones puso la connotación y el significado correctos en perspectiva:

> Es la imagen de los soldados de un regimiento, soldados en línea al mando de un oficial. La característica de un hombre en esa posición es esta: en un sentido, él ya no es un individuo; ahora es miembro de un regimiento; y todos ellos juntos escuchan las órdenes e instrucciones que el oficial les da. Cuando un hombre se une al ejército, renuncia a su derecho a determinar su propia vida y actividad. Esa es una parte esencial de su compromiso. Cuando se une al ejército o la fuerza aérea o la marina, o lo que sea, él ya no se gobierna y controla a sí mismo; tiene que hacer lo que le dicen. Él no puede irse de vacaciones cuando quiera, no puede levantarse a la hora de la mañana que le gusta. Es un hombre bajo autoridad, y las reglas lo gobiernan; y si él comienza a actuar por su cuenta, y con independencia de los demás, se hace culpable de insubordinación y será castigado en consecuencia. Esa es la palabra que el Apóstol utiliza; así que lo que está diciendo equivale a esto: que nosotros, los que estamos llenos del Espíritu, nos comportamos voluntariamente de esa manera, respecto de unos a otros. Somos miembros del mismo

regimiento, somos unidades en este mismo gran ejército. Debemos hacer voluntariamente lo que el soldado está "obligado" a hacer.[5]

La única manera de someternos voluntariamente y con gozo al Señor y unos a otros en el cuerpo de Cristo es la de ser llenos del Espíritu. Él es el que de verdad nos lleva a estar dispuestos a seguir en el camino estrecho de la sumisión y a renunciar a nuestra voluntad, por la suya. Sinceramente, confío en que ahora, al final de este estudio, usted tenga una idea mucho más clara y precisa de lo que es la sumisión y la obediencia voluntaria. No es otra cosa que el camino del discipulado y de la santificación cristiana. Está disponible para todos los que se arrepienten, creen en la obra salvadora de Cristo y reciben el Espíritu Santo, nuestro Pastor silencioso.

Conocer a ese Pastor es como conocer a Jesús, el Buen Pastor. No es algo reservado para el predicador, el teólogo, el misionero o algún grupo de élite espiritual. Recibir el Espíritu, caminar en el Espíritu y vivir en la plenitud del Espíritu no son cosas místicas, mágicas, obtenidas únicamente por alguna apelación emocional sobrecargada o por una "segunda bendición". En cambio, la presencia y ayuda del Espíritu son aspectos de la vida cristiana, que Dios pone a disposición en medida abundante para todos los creyentes. Nuestra tarea es, por medio de la oración, el estudio de las Escrituras, la comunión y todos los otros medios de la gracia, darnos cuenta de estas grandes verdades y perseverar mediante el poder del Espíritu en vivirlas momento a momento, paso a paso. Que Dios nos ayude a todos a conocer la plena presencia y el ministerio del Espíritu Santo, el Pastor silencioso en nuestras vidas (Jud. 20-21).

---

5. D. Martyn Lloyd-Jones, *Life in the Spirit: in Marriage, Home & Work. An Exposition of Ephesians 5:18 to 6:9* (Grand Rapids, MI: Baker, 1975 reimpresión), pp. 57-58.

GUÍA DE ESTUDIO

Para estudio personal

Acomódese en su sillón favorito con su Biblia, un bolígrafo o lápiz, y este libro. Lea un capítulo y subraye las porciones que a usted le parecen importantes. Escriba en los márgenes. Anote dónde está de acuerdo o en desacuerdo, o si tiene una pregunta para el autor. Mire los pasajes bíblicos pertinentes. Luego, busque las preguntas que figuran en esta guía de estudio. Si desea realizar un seguimiento de su progreso con una constancia escrita, use un cuaderno para anotar sus respuestas, pensamientos, sentimientos y más preguntas. Refiérase al texto y a las Escrituras mientras permite que las preguntas amplíen su pensamiento. Y ore. Pídale a Dios que le dé una mente que discierna la verdad, una preocupación activa por los demás y un mayor amor por Él.

Para estudio en grupo

Planee con anticipación. Antes de reunirse con su grupo, lea y subraye el capítulo como si estuviera preparándose para un estudio personal. Eche un vistazo a las preguntas, tome notas mentales de cómo puede contribuir al diálogo en su grupo. Lleve una Biblia y el texto a su reunión.

Cree un ambiente que promueva el diálogo. Sillas cómodas puestas en un círculo informal invitan a la gente a hablar unos con otros. Luego diga: "Estamos aquí para escucharnos y respondernos unos a otros, y aprender juntos". Si usted es el líder, simplemente asegúrese de sentarse donde pueda tener contacto visual con cada participante.

La puntualidad cuenta. El tiempo es tan valioso para mucha gente como el dinero. Si el grupo termina tarde (debido a un inicio tardío), esa gente se sentirá tan robada como si usted hubiera metido la mano en sus bolsillos. Así que, a menos que tengan un acuerdo mutuo, comience y termine a tiempo.

Involucre a todos. El aprendizaje en grupo funciona mejor si todo el mundo participa más o menos por igual. Si usted es extrovertido, haga una pausa antes de entrar en la conversación. Luego, pídale a una persona tranquila que diga lo que piensa. Si de manera natural usted prefiere escuchar a los demás, no dude en meterse en el diálogo. Otros se beneficiarán de sus pensamientos, pero solo si los comunica. Si usted es el líder, tenga cuidado de no dominar la sesión. Por supuesto, usted ha pensado en el estudio con antelación, pero no asuma que las personas están allí solo para oírlo, con todo lo halagador que eso pueda ser. En su lugar, ayude a los miembros del grupo a hacer sus propios descubrimientos. Haga las preguntas, pero inserte sus propias ideas solo cuando se necesiten para llenar los vacíos.

Mantenga el ritmo del estudio. Las preguntas están diseñadas para que cada sesión dure aproximadamente una hora. Las primeras preguntas forman el marco para una discusión posterior, por lo que no se apresure tanto, porque puede olvidar una base valiosa. Sin embargo, las preguntas posteriores a menudo apuntan a cuestiones personales. Así que no pierda tanto tiempo al principio, que deje poco tiempo para "lo personal". Aunque el líder debe asumir la responsabilidad de medir el tiempo de la serie de preguntas, es tarea de cada uno en el grupo ayudar a que el estudio se mueva a un ritmo equilibrado. **Oren unos por otros, juntos o por separado.** Luego observe la mano de Dios obrar en la vida de cada participante.

Tenga en cuenta que cada sesión incluye los siguientes elementos:

Tema de la sesión: una declaración breve que resume la sesión.

Actividades participativas: una lista de actividades para familiarizarse con el tema de la sesión o unos con otros.

Preguntas de descubrimiento: una lista de preguntas para animar al descubrimiento y la aplicación.

Guía de oración: sugerencias para convertir lo aprendido en oración.

Actividades opcionales: ideas complementarias que mejorarán el estudio.

Tarea: actividades o preparación para completar antes de la próxima sesión.

1
EL PASTOR SILENCIOSO: UNA GUÍA

Tema de la sesión

El Espíritu Santo es la tercera persona de la Trinidad y tiene funciones y representaciones definidas, que las Escrituras explican.

Actividades participativas (Elija una)

1. ¿Qué significado le ha dado al Espíritu Santo en sus estudios previos de la Palabra de Dios? ¿Y durante su experiencia en la iglesia y con otros grupos de compañerismo?

2. ¿Ha comprado alguna vez algo que necesitaba un buen folleto o manual de instrucciones, y no lo tenía? ¿Cuán frustrante fue eso para usted? Si puede, recuerde un ejemplo concreto.

Preguntas de descubrimiento

1. ¿Qué dice el Credo de los Apóstoles sobre el Espíritu Santo? ¿Le sorprende que ese credo no hable de Él con más detalle? ¿Por qué sí o por qué no?

2. Otros libros sobre el Espíritu Santo hablan, por lo general, de Él desde uno de dos enfoques básicos. ¿Cuáles son estos?

3. ¿Qué verdad transmite la cita de T. S. Caulley? ¿Cómo lo resumiría usted en sus propias palabras?

4. ¿Por qué es importante entender que el Espíritu Santo es una persona?

5. ¿Qué tres atributos personales principales del Espíritu se mencionan en este capítulo? ¿De qué manera las Escrituras del Antiguo y Nuevo Testamento apoyan esto?

6. ¿Qué es un *antropopatismo*? ¿Por qué es útil esta figura del lenguaje en nuestro estudio del Espíritu Santo?

7. Mencione cuatro verdades sobre las actividades del Espíritu Santo, que demuestran su condición de persona. ¿Cuál da la prueba más convincente de que el Espíritu tiene una personalidad?

8. ¿Con qué otras personas dicen las Escrituras que el Espíritu Santo tiene una relación? ¿Qué implica esto acerca de la relación del Espíritu Santo con nosotros?

9. ¿Qué atributos de Dios posee también el Espíritu Santo? Mencione al menos tres de los que se enumeran en este capítulo.

10. ¿Por qué es evidente que las tres obras principales del Espíritu muestran su deidad? ¿Cuáles son estas obras importantes?

11. ¿Cuáles son las otras cuatro obras del Pastor silencioso que nos benefician? ¿Cuál es la expresión más específica para esas operaciones?

12. Mencione tres de las representaciones simbólicas que usa el Nuevo Testamento para el Espíritu Santo. Incluya una que es menos familiar o es usada con menos frecuencia. ¿Cómo son útiles estos símbolos?

Guía de oración

- Dé gracias a Dios porque el Espíritu Santo no es simplemente una fuerza o influencia, sino la tercera persona de la Trinidad.

- A medida que continúa este estudio, pídale al Señor que le conceda una perspectiva más clara de todos los aspectos del ser y del ministerio del Espíritu Santo. Ore para que Dios le dé a usted y a su grupo una apreciación bíblicamente equilibrada del papel del Pastor silencioso.

Actividades opcionales

1. Lea un poco más sobre la doctrina del Espíritu Santo. Lea las secciones apropiadas de un buen tratado de

teología sistemática (p. ej., Charles Hodge o Louis Berkhof). O, si es posible, obtenga un ejemplar del *Compendio Portavoz de teología* de Paul Enns (Portavoz, 2010) y lea el capítulo 21.

2. Lea Romanos 8:1-30 varias veces esta semana. Fíjese con qué frecuencia este pasaje menciona al Espíritu Santo. ¿De qué manera está el Espíritu involucrado en nuestra vida cristiana? Haga una lista breve o un esquema de ello.

Tarea

1. Memorice Juan 14:16-18.

2. Lea el capítulo 2 de *El Pastor silencioso*.

2

EL ESPÍRITU EN EL ANTIGUO TESTAMENTO

Tema de la sesión

Ya sea durante la era del antiguo pacto o del nuevo, el mismo Espíritu Santo es el que ministra a los creyentes en las mismas formas básicas.

Actividades participativas (Elija una)

1. ¿Hubo alguna vez un momento en el que realmente no pudo comunicar con precisión un concepto importante? Si es así, ¿qué tipo de dificultad y apuro creó la falta de comunicación?

2. Comparta una experiencia de la escuela o del trabajo en la que sintió la ayuda especial del Espíritu de Dios para llevar a cabo una tarea difícil o compleja. ¿Podría haber dominado la situación sin la ayuda del Espíritu?

Preguntas de descubrimiento

1. ¿Qué dijo Pablo acerca de la semejanza entre el papel del Espíritu en el Antiguo Testamento y su función en el Nuevo? Apoye su respuesta con al menos una referencia de las Escrituras.

2. ¿Cómo puede ser ilustrado el significado de la frase en Génesis "se movía sobre la faz de las aguas"?

3. ¿Por qué Jesús reprendió a Nicodemo en Juan 3:5-10? ¿De qué forma ese pasaje nos muestra cómo actúa el Espíritu Santo?

4. ¿Cuál es la definición de poder espiritual en el Antiguo Testamento? ¿A quién daba poder el Espíritu Santo durante ese período?

5. ¿Qué hicieron los jueces en Israel? ¿Por qué esa manera de actuar fue tan importante para la nación?

6. ¿Cuál fue el primer gran proyecto de artesanía realizado por aquellos que estaban guiados y habilitados por el Espíritu Santo?

7. ¿La retirada de la habilitación del Espíritu priva a los creyentes de la seguridad eterna? ¿Por qué sí o por qué no?

8. ¿Qué dice 2 Timoteo 3:16 sobre la obra del Espíritu en la revelación de la Palabra de Dios?

9. ¿Cuán temprano en la Biblia empezó el Espíritu Santo a convencer a la humanidad de pecado?

10. Aparte del perdón de los pecados, ¿qué necesidad fundamental revela la oración de David en el Salmo 51?

Guía de oración

- Pídale al Señor que le dé un mayor deseo de estudiar y comprender el Antiguo Testamento.

- Dedique algún tiempo a alabar y dar gracias a Dios por la presencia sustentadora de su Espíritu en la creación.

- Dé gracias a Dios por los dones y las habilidades especiales que Él le ha dado. Ore por sabiduría para usarlos para su gloria.

Actividades opcionales

1. Comience un programa de lectura en alguna parte del Antiguo Testamento, como los profetas (Isaías) o los libros históricos (Josué). Si usted ya está haciéndolo, elija un libro para un estudio más detallado.

2. Escriba una nota o carta de agradecimiento y aliento a uno de los líderes de su iglesia. Si es posible, mencione algo específico que el líder ha hecho recientemente, que ha sido una bendición para usted.

Tarea

1. Memorice 1 Corintios 12:13 o Efesios 4:4.

2. Lea el capítulo 3 de *El Pastor silencioso*.

3

EL ESPÍRITU DE VIDA: EL NUEVO PACTO

Tema de la sesión

El nuevo pacto, como un pacto mejor que el antiguo, nos ofrece una manifestación más plena del Espíritu Santo.

Actividades participativas (Elija una)

1. ¿Lo nuevo es siempre una mejora con respecto a la versión anterior? ¿Por qué sí o por qué no? Comparta algunos ejemplos específicos.

2. ¿Ha reescrito alguna vez un contrato entre usted y la otra parte? ¿Qué tipo de cosas quiso conservar en el contrato? ¿Qué otros elementos buscó mejorar?

Preguntas de descubrimiento

1. ¿Cuándo dijo Jesús por primera vez a sus discípulos que habría un nuevo pacto? ¿Qué dijeron sus propias palabras sobre el fundamento y propósito de ese pacto?

2. ¿Qué es un mediador? ¿Qué es necesario para que la tarea de un mediador sea bien eficaz?

3. ¿Quiénes fueron los mediadores en el antiguo pacto?

4. Exponga al menos tres formas en que el nuevo pacto es diferente y mejor que el antiguo. ¿Cuál es la característica que no ha cambiado y que es la más importante?

5. De las siete nuevas características del pacto superior en Hebreos 8:8-12, ¿cuáles cree usted que deberían tener el mayor impacto en la vida de los creyentes? ¿Por qué?

6. ¿Qué lugar ocupan los Diez Mandamientos en el pensamiento de la mayoría de los cristianos? ¿Cuán familiarizado cree que está el creyente normal y corriente con lo que cada mandamiento dice en realidad?

7. ¿Por qué algunos afirman que los cristianos están libres de los requisitos de la ley moral? ¿Qué dijo el apóstol Pablo realmente en Romanos 6 sobre la ley?

8. ¿Qué ha pasado con el lugar y el propósito de las leyes civiles y ceremoniales?

9. ¿Cuál es una definición buena y básica de la ley moral? ¿Qué pasaje de los Evangelios proporciona un buen resumen de la ley moral?

10. ¿Cuáles son los tres propósitos de la ley moral?

11. ¿Qué lugar debe tener la ley moral en su vida hoy? Vuelva a leer la larga cita de Martyn Lloyd-Jones sobre este tema. ¿Cómo le ayuda su resumen?

12. ¿De qué manera la referencia de Pablo al rostro resplandeciente de Moisés (Éx. 34) ilustra el contraste entre los pactos? (Vea 2 Co. 3:7-11).

Guía de oración

- Dedique algo de tiempo extra a la oración para agradecer a Dios por darnos el nuevo pacto. Dele las gracias específicamente por cada elemento.

- Reflexione sobre uno o más de los Diez Mandamientos que son especialmente difíciles de obedecer. Pídale al Señor que lo fortalezca a medida que trata de ser más fiel en esas áreas.

- Pídale al Señor que le conceda una mejor comprensión y un mayor aprecio por el contraste entre el antiguo y el nuevo pacto. Dele gracias por el privilegio de poder vivir bajo la plena revelación del nuevo pacto, con toda su gloria.

Actividades opcionales

1. Obtenga una copia de un buen catecismo, como el "Catecismo de Westminster", y estudie la sección sobre los Diez Mandamientos durante el próximo mes. Escriba y medite en las respuestas y los versículos bíblicos que son más útiles para usted.

2. Durante los próximos meses, trabaje en la memorización de Éxodo 20:2-17. Divida el pasaje entre cinco o seis tarjetas y trabaje con ellas, de una en una, a medida que aprende todo el pasaje.

Tarea

1. Memorice Mateo 26:27-28.

2. Lea el capítulo 4 de *El Pastor silencioso*.

4
EL ESPÍRITU DE TRANSFORMACIÓN Y ESPERANZA

Tema de la sesión
El nuevo pacto es el pacto centrado en Cristo que nos transforma y nos da vida y esperanza.

Actividades participativas (Elija una)

1. ¿Cuál era su sentido de esperanza antes de la salvación? ¿Carecía de él o simplemente se centraba en algo equivocado? Explique su respuesta.

2. La mayoría de nosotros tenemos ciertos rituales o rutinas diarios que son importantes para nosotros. ¿Cuál es uno de los suyos? ¿Podría ser eso una trampa que le impida su caminar espiritual?

Preguntas de descubrimiento

1. ¿Cómo usó Pablo la expresión *la letra de la ley* en referencia a la ley del antiguo pacto?

2. ¿Cómo creó la letra una muerte en vida para Pablo?

3. ¿Cuál es la maldición mencionada en Gálatas 3:10? ¿Cuál es la única manera de escapar a los efectos de esa maldición?

4. ¿Por qué el ceremonialismo puede perjudicar el bienestar espiritual de alguien? ¿Cómo afectó a los judíos?

5. ¿Por qué y cómo es permanente el nuevo pacto? ¿Qué consuelo trae esa permanencia a aquellos que abrazan el nuevo pacto?

6. ¿Qué respuesta humana causó que el antiguo pacto fuera visto con esa falta de claridad? ¿Cómo fue esa respuesta ilustrada en el camino a Emaús? (Vea Lc. 24:13-32).

7. ¿Qué hecho demostró más vívidamente la gloria divina de Cristo a Pedro, Santiago y Juan? (Vea Lc. 9:28-36; 2 P. 1:16-18).

8. ¿Cuál es la esperanza del nuevo pacto? ¿Cómo la presentó el apóstol Pablo en Romanos 8:23-25? ¿Qué pieza de equipo marítimo equipara Hebreos, figurativamente, con la esperanza?

9. *El patito feo* es una fábula conocida y querida, pero ¿qué quiere ilustrar sobre el nuevo pacto?

10. ¿Qué versículo del Nuevo Testamento reafirma e ilustra mejor el cambio que el Espíritu Santo lleva a cabo en la vida del creyente?

Guía de oración

- Piense en un amigo, familiar o compañero de trabajo que no conoce a Cristo. Ore cada día de la semana próxima para que él o ella lleguen a disfrutar del poder transformador del nuevo pacto.

- Dé gracias al Señor que el mensaje del nuevo pacto es claro y centrado en Cristo. Pídale que le ayude a eliminar todo aquello que pueda nublar su visión de Cristo.

Actividades opcionales

1. Lea la historia del patito feo a sus hijos y explíqueles cómo ilustra el poder transformador del evangelio. Si usted no tiene hijos, o es un anciano, tal vez podría dar a conocer esa ilustración a los niños de otra persona.

2. Si usted tiene un amigo cristiano o un miembro de la familia que ahora enfrenta una prueba o lucha con la duda, escríbale una carta de ánimo. Háblele de algunos de los versículos clave de este capítulo.

Tarea

1. Lea Hebreos 8:6-13 sobre el mejor pacto. Busque las referencias citadas del Antiguo Testamento y léalas en sus contextos originales.

2. Lea el capítulo 5 de *El Pastor silencioso*.

5

EL ESPÍRITU PROMETIDO: LA PLENITUD DE SU LLEGADA

Tema de la sesión

La promesa de Jesús de enviar al Espíritu Santo ha sido completamente cumplida para todos los verdaderos cristianos.

Actividades participativas (Elija una)

1. Recuerde algo especial que le prometieron a usted siendo un niño. ¿Cuánto le emocionó esa promesa? ¿La promesa fue cumplida, y fue tan buena como esperaba que fuera?

2. En el pasado, ¿ha tenido usted una opinión positiva o negativa sobre la expresión "bautismo del Espíritu Santo"? Después de estudiar este capítulo, ¿ha cambiado su punto de vista?

Preguntas de descubrimiento

1. ¿Cuándo fue la primera vez que Jesús habló a sus discípulos sobre la promesa de enviar al Espíritu Santo?

2. ¿Cuáles fueron algunas de las principales pruebas de que el ministerio de Jesús estaba facultado y guiado por el Espíritu Santo?

3. ¿Por qué llegaron los fariseos a la conclusión que sacaron con respecto al ministerio de Jesús? ¿Esa actitud es aún fuerte en el día de hoy?

4. Especialmente en libros más antiguos, el Espíritu es a veces llamado el Paráclito o Paracleto. ¿Dónde se originó este término y qué significa?

5. ¿Cuán importante es el Espíritu Santo como maestro para nosotros? ¿Qué sucede cuando ignoramos sus instrucciones y actuamos según nuestra propia sabiduría?

6. ¿En qué sentido es diferente la paz que Jesús promete, a través del Espíritu, en Juan 14:27, de la paz de Romanos 5:1-11? ¿Cuán similar es a la paz que se menciona en Filipenses 4:7?

7. ¿Qué factor es más esencial para nuestro disfrute pleno de las promesas sobrenaturales de Jesús? ¿Cuál es la clave para tener este elemento en nuestra vida?

8. Según Hechos 2:33, ¿cuál es la perspectiva de Dios sobre el Espíritu Santo prometido? ¿Qué confianza debiera esto darnos?

9. ¿Cómo ilustró Jesús la necesidad de los discípulos de confiar en la habilitación sobrenatural para las tareas cotidianas más comunes? ¿De qué manera específica podría usted aplicar esto a sus responsabilidades diarias?

10. Para un estudiante de la Biblia, ¿cuál es la mejor manera de leer y entender el pasaje de Hechos 2:1-4 acerca de Pentecostés?

11. ¿Por qué eligió Dios que el derramamiento del Espíritu Santo coincidiera con la fiesta de Pentecostés?

12. ¿Cuál fue el verdadero significado de los fenómenos físicos que acompañaron la llegada del Espíritu Santo en Hechos 2? ¿Qué más garantías debiera dar a los creyentes este entendimiento sobre el plan soberano de Dios?

13. ¿Qué relación de trabajo tienen Cristo y el Espíritu Santo concerniente al bautismo del Espíritu? (Vea Mr. 1:7-8; Jn. 7:37-39, Hch. 2:32-33).

Guía de oración

- Oren juntos como grupo y agradezcan a Dios por cumplir su promesa de derramar el Espíritu en Pentecostés.

- Pídanle al Señor que consolide su comprensión del significado bíblico del bautismo del Espíritu. Oren para que su iglesia tenga una mayor claridad y unidad en este asunto.

- Si usted tiene un amigo cristiano que se está esforzando más por lograr el sueño de éxito y prosperidad, que por apreciar la presencia del Espíritu Santo, ore por esa persona para que tenga un cambio de corazón.

Actividades opcionales

1. Lea los capítulos 8 y 10 de mi libro *Los carismáticos* (Casa Bautista de Publicaciones) para información adicional sobre otras interpretaciones de Hechos 2. Escriba sus comentarios y preguntas, y lleve algunos de estos para el diálogo grupal en una reunión posterior.

2. Lea Hechos 1—2 en, por lo menos, tres traducciones modernas de la Biblia (p. ej., Reina-Valera 1960, Nueva Versión Internacional, Nueva Traducción Viviente). Refiérase a un mapa en la parte posterior de su Biblia o a un atlas de la Biblia para localizar los lugares mencionados en Hechos 2:9-11. Si tiene tiempo, busque las referencias del Antiguo Testamento en el sermón de Pedro. Resuma en sus propias palabras la idea central de estos dos capítulos de los Hechos.

Tarea

1. Memorice Romanos 11:32-36 o Juan 7:37-39.

2. Lea el capítulo 6 de *El Pastor silencioso*.

6

EL PASTOR SILENCIOSO QUE OBRA A NUESTRO FAVOR

Tema de la sesión

El Espíritu Santo nos da nuestra verdadera identidad en Cristo y nos permite conocer nuestros beneficios y obligaciones bajo el nuevo pacto.

Actividades participativas (Elija una)

1. Hable acerca de las distintas formas en que las personas tratan de encontrar su identidad en el mundo. ¿Por qué algunas de esas vías tienen tanto atractivo?

2. ¿Se considera usted un individualista o más bien un jugador de equipo? Explique cómo cree usted que esa respuesta afecta su relación con el Espíritu Santo.

Preguntas de descubrimiento

1. ¿Cuál es la tarea más básica que el Espíritu Santo realiza a favor de cualquier persona?

2. ¿Qué pruebas coinciden con la vida transformada de una persona en el Espíritu? (Vea Gá. 5:22-23).

3. Según Romanos 8:9, ¿qué establece nuestra identidad espiritual?

4. ¿Ha hecho alguna vez una pausa para hacer un inventario espiritual de sí mismo? (Vea 2 Co. 13:5) ¿Cuáles son algunas de las preguntas básicas que usted necesita hacerse a sí mismo?

5. ¿Por qué damos testimonio personal a otras personas? ¿En qué forma esto es paralelo a lo que hace el Espíritu? (Vea Jn. 15:26; 16:14-15; 1 Co. 12:3).

6. ¿Le resulta a veces difícil estar seguro de la voluntad de Dios con respecto a ciertas decisiones? ¿Qué principio encuentra en Hechos 15:28-29 sobre el discernimiento de la voluntad de Dios?

7. ¿Cuán importante es ser constante en la asistencia a la iglesia y la participación en grupos pequeños de compañerismo? ¿Qué beneficios nos perdemos si no somos fieles en reunirnos con otros cristianos? (Vea Ef. 4:12; He. 10:23-25).

8. ¿Qué son los dones espirituales? ¿Cuál es su propósito y cuál debería ser nuestra actitud subyacente al usarlos? (Vea 1 Co. 12:7-11; 13).

9. ¿Qué indica Efesios 3:20 acerca de la extensión del poder del Espíritu Santo y su provisión de fortaleza a nuestra disposición?

10. ¿Cómo las intercesiones de Cristo y del Espíritu obran juntas para preservarnos como creyentes? ¿Qué son los "gemidos" mencionados en Romanos 8:26?

Guía de oración

- Dé gracias al Señor por haber enviado amorosamente su Espíritu para liberarnos del pecado y permitirnos cumplir con las exigencias de la ley.

- ¿Ha crecido débilmente su amor por Cristo en medio de la tensión y el ritmo frenético de su vida diaria? Dedique algún tiempo extra a la oración para pedirle a Dios que su Espíritu dirija su atención de una manera renovada a la gloria de Cristo.

- Ore pidiendo que Dios lo mantenga alerta y sensible a las necesidades espirituales de los demás. Pídale que le dé la oportunidad de ministrar a alguien en su iglesia, según la herida o la lucha específica que tenga.

Actividades opcionales

1. Himnos antiguos sobre el Espíritu Santo son a menudo pasados por alto, o los cristianos no son conscientes de que existen. Lea y reflexione sobre la letra de algunos himnos antiguos en un buen himnario (no solo un libro de coros). Copie una o dos estrofas para meditar y tal vez memorizar.

2. Lea 1 Corintios 12 y 13. Anote el don o los dones espirituales que el Señor le ha dado a usted. En la misma hoja de papel o tarjeta, escriba dos o tres principios del capítulo 13 con los que usted necesita trabajar al tiempo que usa su don(es). Lleve este recordatorio en su Biblia para referencia futura.

Tarea

1. Memorice Gálatas 5:16 en preparación para su próxima reunión.

2. Lea el capítulo 7 de *El Pastor silencioso*.

7

LA SENDA BÍBLICA PARA EL CAMINO ESPIRITUAL

Tema de la sesión

La Palabra de Dios nos da a todos la dirección que necesitamos para someternos continuamente a la guía del Espíritu Santo.

Actividades participativas (Elija una)

1. ¿En qué áreas de la vida se siente más propenso a tomar el asunto en sus propias manos y hacer las cosas a su manera? ¿Por qué eso es así? ¿Puede recordar un momento en que ese enfoque causó especialmente un problema para usted u otros?

2. ¿De qué formas lidia con pensamientos que lo distraen o lo llevan a soñar despierto durante el culto de adoración o la clase de la escuela dominical? ¿Qué método parece más eficaz para reorientar de su atención?

Preguntas de descubrimiento

1. ¿Qué pertinencia tiene la historia de Jacob y Esaú en nuestro estudio de andar en el Espíritu? ¿Qué otra idea da Hebreos 12:15-17 sobre el comportamiento de Esaú?

2. Si entendemos la palabra griega para "andar", ¿cómo nos ayuda eso a aplicar Gálatas 5:16?

3. ¿En qué manera la meditación es superior a otros medios de asimilar las Escrituras? (Lea de nuevo la cita del libro de Donald Whitney).

4. ¿Qué importante disciplina espiritual nos ayudará a enfocar nuestros corazones y mentes en Dios?

5. ¿Qué dice 1 Tesalonicenses 5:17 sobre el carácter indispensable de la oración?

6. ¿Qué dice 1 Pedro 2:11 en la Biblia Reina Valera? ¿Cómo puede esta redacción darnos una mejor comprensión de la naturaleza del caminar espiritual?

7. ¿Qué efecto tienen nuestra cultura y estilo de vida occidental en nuestro ministerio del uno para el otro? ¿Ha notado que eso afecta a su esfuerzo de alcanzar a otros creyentes? ¿Cómo?

8. ¿Qué transmite la frase "sorprendido en alguna falta" en Gálatas 6:1 acerca de la naturaleza del pecado? ¿Está bien excluir alguna área problemática de nuestro ministerio de restauración?

9. ¿Cuál será el rasgo característico que define a los creyentes, no importa dónde se encuentren? (Vea Jn. 13:34-35).

10. Aunque el término "cargas" en Gálatas 6:2 puede significar una variedad de cosas, ¿qué significado básico caracteriza a todos los usos?

Guía de oración

- Pida a Dios que le ayude a vivir día a día y a andar en su Espíritu.

- Dé gracias a Dios por la abundancia de alimento espiritual que podemos encontrar en las Escrituras. Pídale un mayor grado de diligencia en la lectura diaria y meditación de su Palabra.

- Ore para que cada persona en su grupo tenga un deseo genuino de huir de la carne y someterse al Espíritu en relación con todos los aspectos de sus vidas.

Actividades opcionales

1. Lea el libro *El progreso del peregrino*, de Juan Bunyan, un clásico de la vida cristiana. Tenga a mano un cuaderno de notas para apuntar sus mejores pensamientos, impresiones o ideas para uso personal.

2. Llame por teléfono a un amigo cristiano que viva fuera de la ciudad, con el cual no ha estado en contacto por mucho tiempo. Si la persona le habla de una carga especial, asegúrele que usted orará por él o ella. Luego envíele por correo literatura apropiada e

interésese en si progresa o no en su situación. Manténgase en contacto y anote los resultados finales en un cuaderno de notas o libro de oración. Incluso, si las cosas van bien con su amigo, puede animarlo con uno o dos versículos de las Escrituras citados en este capítulo.

Tarea

1. Memorice Gálatas 6:2 o 1 Tesalonicenses 5:14.

2. Lea el Capítulo 8 de *El Pastor silencioso*.

8

SEAMOS CONSCIENTES DE TODO NUESTRO POTENCIAL, EN EL ESPÍRITU

Tema de la sesión

La plenitud del Espíritu Santo es una faceta continua de su morada en nosotros, que nos permite a los creyentes vivir momento a momento para Cristo.

Actividades participativas (Elija una)

1. ¿Cree usted que la mayoría de las personas alcanzan su pleno potencial en el trabajo, en su familia y en la iglesia? ¿Por qué sí o por qué no?

2. Mencione una cosa en su vida por la que le resultaba difícil dar gracias durante los últimos cinco años. ¿Por qué cosa le era fácil mostrarse agradecido?

Preguntas de descubrimiento

1. ¿Cuáles fueron las palabras de Henry Varley a Dwight L. Moody? ¿Cómo lo reta a usted esa declaración?

2. ¿Cuáles son dos interpretaciones incorrectas del mandato paulino en Efesios 5:18 de ser llenos del Espíritu Santo?

3. ¿Qué traducción literal sugerimos nosotros para *sed llenos*? ¿Cuál es la idea principal que transmite sobre el proceso de andar en el Espíritu?

4. Revise brevemente los tres matices de significado para *llenos* en griego. ¿Cuál le ayudó a entender mejor el significado bíblico de ser llenos del Espíritu?

5. En las Escrituras, ¿cuáles son algunas referencias importantes para alabar y entonar cánticos? Dé dos referencias del Antiguo Testamento y tres del Nuevo Testamento.

6. ¿En qué sentido es "nuevo" el canto en Apocalipsis 5:8-14? ¿Cómo se relaciona esa idea de nuevo con la vida cristiana?

7. ¿Cómo puede la sincronización de sucesos en nuestra vida afectar la facilidad con que podemos dar gracias? (Vea de nuevo los ejemplos de Josafat y Jonás).

8. ¿Qué tres verdades importantes de las Escrituras nos recuerdan que debemos dar gracias a Dios?

9. ¿Qué significa "en el nombre de Cristo"? ¿Cómo se relaciona esto con la idea de dar gracias?

10. ¿Cuáles de los pasajes "unos a otros" citados hacia el final de este capítulo son conocidos como un "pasaje clásico" sobre el tema de la sumisión mutua?

11. Según lo que ilustra el doctor Martyn Lloyd-Jones, ¿cuál es la connotación bíblica precisa de la palabra "sumisión"?

Guía de oración

- Durante las próximas semanas, en su tiempo de oración, céntrese en lo que significa ser lleno del Espíritu. Pídale al Señor que quite de su vida todo lo que le impida estar completamente lleno de su Espíritu.

- Ore para que Dios le ayude a ser más consciente de las consecuencias prácticas de una vida llena del Espíritu. Pídale sabiduría para aplicar aspectos específicos de esto a su vida.

- Den gracias al Señor por el tiempo que su grupo ha estudiado al Espíritu Santo. Oren para que cada miembro sea fiel a la vida llena del Espíritu en los meses venideros.

Actividades opcionales

1. Haga una lista de cosas por las que usted puede dar gracias a Dios ahora mismo. Continúe añadiendo a la lista durante los próximos seis meses. Asegúrese de escribir todo lo que el Señor le permite experimentar, tanto agradable como difícil. Revise su lista después de seis meses y dé gracias a Dios por lo que Él le ha enseñado.